Inhalt

Taschenbücherei · Texte & Materialien

Herausgegeben von
Klaus-Ulrich Pech und Rainer Siegle

Arthur Conan Doyle

Das gefleckte Band

Henry Syndor Harrison

Miss Hinch

Ernst Klett Verlag
Stuttgart · Leipzig

Im Internet unter http://www.klett.de finden Sie zu dem Titel *Das gefleckte Band/Miss Hinch* einen Lektürekommentar, der methodisch-didaktische Hilfen und Anregungen enthält: Stundenplanungen, Lernzielvorschläge, Projektanregungen.

1. Auflage 1 5 4 3 2 1 | 2011 2010 2009 2008 2007

Alle Drucke dieser Auflage können im Unterricht nebeneinander benutzt werden, sie sind untereinander unverändert. Die letzte Zahl bezeichnet das Jahr dieses Druckes.

Der Text wurde der reformierten Rechtschreibung angepasst.

Redaktion: Veronika Roller
Umschlaggestaltung und Layout: Sandra Schneider
Herstellung: Dea Hädicke
Satz: 2 women production, Brigitte Köhler, Leipzig
Umschlagfoto und S. 1: Jupiterimages GmbH (NONSTOCK), Starnberg

Druck: Ludwig Auer GmbH, Donauwörth

Printed in Germany

ISBN 978-3-12-262715-7

9 783122 627157

Arthur Conan Doyle
Das gefleckte Band

Es war noch früh, sehr früh am Morgen, als Sherlock Holmes, der notorische[1] Langschläfer, mich aus dem Schlaf riss.

»Tut mir leid, dass ich dich stören muss, Watson«, sagte er, »aber du bist heute Morgen nicht der Einzige: erst musste Mrs. Hudson aus den Federn, sie weckte mich und ich nun dich.«

»Was ist denn los? Brennt es?«

»Nein, ein Klient, eine verstörte junge Dame, die darauf besteht, mich zu sehen. Sie wartet im Wohnzimmer. Ich dachte, ich darf sie dir nicht vorenthalten. Vielleicht interessiert dich der Fall.«

»Aber selbstverständlich. Ich komme sofort.«

Ich zog mich hastig an und ging mit meinem Freund ins Wohnzimmer hinunter. Eine tief verschleierte Dame in Schwarz erhob sich, als wir eintraten.

»Guten Morgen, Madam«, sagte Holmes. »Mein Name ist Sherlock Holmes. Das hier ist mein Freund und Kollege, Dr. Watson, dem Sie genauso vertrauen dürfen wie mir. Großartig, Mrs. Hudson hat bereits Feuer gemacht. Setzen Sie sich doch näher zum Kamin, Madam! Ich werde sofort heißen Kaffee bestellen, Sie zittern ja.«

»Es ist nicht die Kälte«, sagte die Frau leise und zog ihren Stuhl näher ans Feuer.

»Sondern?«

»Angst, Mr. Holmes. Nackte, kalte Angst.« Sie hob ihren Schleier und wir sahen in ein verhärmtes graues Gesicht, aus dem uns zwei angstvolle Augen unruhig anblickten. Die Frau konnte kaum älter als dreißig sein, aber ihr Haar war bereits ergraut.

Sherlock Holmes beugte sich vor und strich ihr behutsam über die Hand.

»Wir werden Ihnen helfen«, sagte er beruhigend. »Sie sind heute früh mit dem Zug nach London gekommen, wie ich sehe.«

»Sie kennen mich?«

»Nein, aber in Ihrem linken Handschuh steckt eine Rückfahrkarte.«

»Ja, ich bin mit dem Frühzug in Waterloo-Station angekommen,

1 (lat.) offenkundig, bekannt; anerkannt, berüchtigt

Sir. Ich kann diese Angst nicht länger ertragen. Ich werde verrückt, wenn es so weitergeht. Ich habe niemanden, an den ich mich wenden könnte – niemanden außer einem einzigen Menschen, der mich liebt, und er kann mir nicht helfen. – Eine Bekannte hat mir von Ihnen erzählt, Mr. Holmes. Wenn Sie mir doch wieder ein wenig Hoffnung geben wollten! Augenblicklich bin ich nicht in der Lage Sie für Ihre Hilfe zu entschädigen, aber in ein paar Monaten werde ich heiraten und über mein eigenes Vermögen verfügen.«
»Mein Beruf ist mir ein Vergnügen, Madame, aber ich stelle es Ihnen frei, mir die Unkosten zu vergüten. Das hat natürlich Zeit. Und jetzt, bitte, erzählen Sie uns Ihren Kummer.«
Die verkrampften Finger der Frau lösten sich. »Das Schlimmste ist, dass meine Ängste nur sehr unbestimmt sind. Ich kann meine Unruhe nur mit Kleinigkeiten begründen, die jedem Außenstehenden bedeutungslos erscheinen müssen. Selbst dieser einzige Mensch, an den ich mich um Hilfe und Rat wenden könnte, hält die Dinge, die ich ihm erzähle, für die Fantastereien einer überreizten Frau. Er spricht es nicht aus, aber ich kann es an seinen beruhigenden Worten erkennen. Von Ihnen, Mr. Holmes, habe ich gehört, dass Sie wie kein Zweiter die Abgründe in einem Menschen zu erkennen vermögen. Vielleicht wissen Sie einen Rat, wie ich mit dem Grauen fertig werden kann, das mich langsam zu ersticken droht.«
»Erzählen Sie, Madame.«
»Mein Name ist Helen Stoner. Ich lebe bei meinem Stiefvater, dem Letzten der Roylotts aus Stoke Moran in Westsurrey[2]; sie zählen zu den ältesten Familien Englands.«
Holmes nickte. »Der Name ist mir bekannt«, sagte er.
»Die Familie war einmal unermesslich reich, aber im letzten Jahrhundert zerrann der Besitz unter den Händen von vier Verschwendern; schließlich hat ein Spieler den Ruin der Familie besiegelt. Außer ein paar Feldern und dem zweihundert Jahre alten Haus, auf dem eine große Hypothek[3] liegt, ist nichts übrig ge-

2 englische Grafschaft südwestlich von London
3 (gr.: Unterpfand) Pfandrecht an einem Grundstück als Gegenleistung für geliehenes Geld

blieben. Der letzte Roylott hat dort das erbärmliche Leben eines verarmten Adligen geführt. Sein einziger Sohn, mein Stiefvater, ergab sich nicht in dies Schicksal; ein Verwandter finanzierte sein Medizinstudium. Er legte sein Examen ab und ging nach Kalkutta. Er war tüchtig und ehrgeizig und hatte bald eine große Praxis. Aber in einem Wutanfall über mehrere Diebstähle, die in seinem Haus geschahen, erschlug er einen eingeborenen Diener; er wäre dafür beinahe gehängt worden. Jahrelang saß er im Gefängnis, dann kehrte er als düsterer und vom Leben enttäuschter Mann nach England zurück.

Als Dr. Roylott noch in Indien war, heiratete er meine Mutter, die junge Witwe eines Offiziers der ›Bengal[4] Artillery[5]‹. Meine Schwester Julia und ich waren erst zwei Jahre alt – wir sind Zwillinge –, als meine Mutter sich wieder verheiratete. Sie hatte ein beträchtliches Vermögen und das überschrieb sie ganz Dr. Roylott. Außerdem verfügte sie, dass wir Mädchen im Falle einer Heirat jährlich eine bestimmte Summe erhalten sollten. Kurz nach unserer Rückkehr nach England starb unsere Mutter – sie verunglückte tödlich bei einem Eisenbahnunfall.

Dr. Roylott gab seinen Plan auf in London eine Praxis zu gründen; er nahm uns mit sich in sein väterliches Haus nach Stoke Moran. Unsere Mutter hatte uns genügend Geld hinterlassen. Einem glücklichen Leben hätte nichts im Wege gestanden.

Aber ungefähr um diese Zeit vollzog sich ein schrecklicher Wandel in unserem Stiefvater. Anstatt den Verkehr mit unseren Nachbarn zu pflegen, die anfangs überglücklich waren, dass wieder ein Roylott auf Stoke Moran lebte, zog er sich völlig zurück. Wenn er einmal ausging, brach er mit jedem, der ihm über den Weg lief, einen Streit vom Zaun. Das zügellose Temperament lag in der Familie und bei meinem Stiefvater hatte der lange Aufenthalt in den Tropen diese Veranlagung noch verstärkt. Es gab immer mehr peinliche Streitereien, zweimal endeten sie sogar vor der Polizei. Schließlich war er zum Schrecken des Dorfes geworden. Wenn er auftauchte, leerten sich die Straßen.

---

4 Bengalen, Landschaft im Nordosten Indiens
5 (engl.) Artillerie, mit Geschützen ausgerüstete Truppen

Letzte Woche stieß er im Streit den Dorfschmied in den Fluss. Ich konnte ein gerichtliches Nachspiel nur dadurch verhindern, dass ich alles Geld, das wir im Hause hatten, zusammenkratzte, um den Schmied zu besänftigen.
So lebt er; seine einzigen Freunde sind ein paar Zigeuner, die er auf seinem Grund nach Belieben ihre Zelte aufschlagen lässt. Er verbringt viele Stunden an ihren Lagerfeuern.
Er ist auch schon wochenlang mit ihnen durchs Land gezogen. Indische Tiere sind seine andere Leidenschaft; im Augenblick hält er einen abgerichteten Leoparden und einen Pavian. Er lässt sie frei auf seinen Feldern umherstreifen und die Tiere werden von den Dorfbewohnern beinahe genauso gefürchtet wie ihr Herr.
Können Sie sich nun vorstellen, dass meine Schwester Julia und mir dieses Leben immer schwerer wurde? Dienstboten liefen uns schon nach den ersten Wochen davon und lange Zeit mussten wir alle Hausarbeit allein besorgen. Julia war erst dreißig, als sie starb, aber ihr Haar war schon grau, so wie meines.«
»Ihre Schwester lebt nicht mehr?«
»Sie starb vor zwei Jahren. Ich möchte mit Ihnen über ihren Tod sprechen. Ich habe Ihnen unser Leben beschrieben und Sie werden sich vorstellen können, dass wir kaum Gelegenheit hatten Menschen unseres Alters kennen zu lernen. Wir hatten eine Tante, eine Schwester unserer Mutter, Miss Honoria Westphail, die bei Harrow[6] lebt. Gelegentlich durften wir sie besuchen. Vor zwei Jahren war Julia über Weihnachten bei ihr und lernte dort einen Marineoffizier kennen. Sie verlobte sich mit ihm. Als mein Stiefvater von der Verlobung hörte, hatte er nichts dagegen einzuwenden. Zwei Wochen vor dem Tag, an dem die beiden heiraten wollten, geschah das Schreckliche.«
Sherlock Holmes hatte bisher mit geschlossenen Augen zugehört. Jetzt hob er die Lider etwas und sah die junge Frau an. »Bitte, berichten Sie. Vergessen Sie nichts«, sagte er.
»Diesen Tag werde ich niemals vergessen. Wie ich Ihnen schon

6 nordwestlicher Stadtbezirk von London

erklärte, ist das Haus sehr alt. Wir bewohnen nur einen Flügel. Die Schlafzimmer dieses Flügels liegen im Parterre. Zuerst kommt Dr. Roylotts Schlafzimmer, dann das meiner Schwester, das dritte ist meines. Es gibt keine Verbindung zwischen den einzelnen Räumen, die Türen gehen aber alle auf den gleichen Korridor und die Fenster der Schlafzimmer auf den Rasen. Drücke ich mich klar aus?«

»Ja, völlig.«

»In dieser schrecklichen Nacht war Dr. Roylott schon sehr früh auf sein Zimmer gegangen. Wir wussten aber, dass er noch nicht schlief, denn meine Schwester störte der Rauch seiner starken indischen Zigarren. Sie verließ deshalb ihr Zimmer und kam zu mir. Wir unterhielten uns über die Hochzeit. Um elf Uhr stand sie auf und wollte gehen. An der Tür blieb sie noch einmal stehen und sah mich an.

›Sag mal, Helen‹, fragte sie, ›hast du nie mitten in der Nacht jemanden pfeifen hören?‹

›Pfeifen?‹, fragte ich. ›Nein. Warum denn?‹

›Weil ich es in den letzten Nächten leise, aber ganz deutlich hörte, immer gegen drei Uhr morgens. Ich schlafe nicht sehr tief und bin jedes Mal davon aufgewacht. Ich kann nicht sagen, woher es kam – vielleicht aus dem Nebenzimmer, vielleicht von draußen. Du hast also nichts gehört?‹

›Nein. Das müssen diese verwünschten Zigeuner sein.‹

›Wahrscheinlich. Aber wenn es von draußen kam, dann wundere ich mich, dass du es nicht gehört hast.‹

›Ja, aber ich schlafe doch meist viel tiefer als du.‹

›Nun, es wird nicht so wichtig sein.‹ Sie lächelte mir zu und zog die Tür hinter sich ins Schloss. Wenige Sekunden später hörte ich, wie der Schlüssel sich drehte.«

»Ließen Sie Ihre Türen nachts nie unverschlossen?«, fragte Holmes.

»Nie.«

»Und warum nicht?«

»Ich erzählte Ihnen doch von dem Leoparden und dem Pavian.

Wir fühlten uns nicht sicher, wenn man die Türen aufdrücken konnte.«
»Verständlich. Bitte weiter.«
»Ich fand keinen Schlaf in jener Nacht. Das unbestimmte Vorgefühl eines drohenden Unheils ließ mich nicht zur Ruhe kommen.«
Es war eine wilde Nacht. Der Sturm heulte ums Haus und der Regen peitschte gegen die Fenster. Plötzlich gellte durch das Geheul des Sturmes der Schrei einer Frau. Ich erkannte die Stimme meiner Schwester. Ich sprang aus dem Bett und stürzte auf den Korridor.
Als ich meine Tür öffnete, glaubte ich ein leises Pfeifen zu hören, dann ein polterndes Geräusch, als ob ein Stück Metall zu Boden gefallen wäre. Ich rannte zur Tür meiner Schwester. Sie war nicht verschlossen, sondern schwang im Wind hin und her. Im Licht der Flurlampe sah ich, wie meine Schwester auf die Schwelle zuschwankte. Ihr Gesicht war aschfahl vor Grauen. Sie hielt die Hände wie Hilfe suchend vorgestreckt. Sie taumelte weiter geradeaus. Ich nahm sie in meine Arme, aber in diesem Augenblick sank sie zu Boden. Ihr Körper zuckte, als ob er von entsetzlichen Schmerzen geschüttelt würde.
Zuerst glaubte ich, sie hätte mich nicht erkannt; aber als ich mich über sie beugte, wimmerte sie mit verzerrter Stimme, einer Stimme, die ich nie vergessen werde:
›O Gott, Helen! Das Band! Das gefleckte Band!‹
Sie deutete auf das Zimmer des Doktors, aber da wurde sie wieder von einem Krampf geschüttelt, ihre Stimme war nur noch ein Röcheln. Ich stürzte hinaus. Ich schrie nach meinem Stiefvater und dann sah ich ihn, nur mit einem Morgenrock bekleidet, aus seinem Zimmer kommen. Als wir zu meiner Schwester traten, war sie bewusstlos, und obwohl er ihr Brandy[7] einflößte und sofort nach einem Arzt schickte, war sie nicht mehr zu retten. Sie starb, ohne das Bewusstsein wiedererlangt zu haben.«
»Einen Augenblick«, sagte Holmes; »sind Sie ganz sicher das Pfei-

7 (engl.) Branntwein

fen und das folgende Geräusch gehört zu haben? Können Sie das beschwören?«

»Das fragte mich auch der Vorsitzende bei der Gerichtsverhandlung. Ich glaube sicher, dass ich es hörte, aber bei der Stärke des Sturmes könnte ich mich auch getäuscht haben.«

»War Ihre Schwester angezogen?«

»Nein, im Nachthemd. In ihrer rechten Hand fand man ein angebranntes Streichholz und in ihrer linken eine Streichholzschachtel.«

»Das ist wichtig. Und zu welchem Schluss kam der Vorsitzende?«

»Er untersuchte den Fall sehr sorgfältig. Dr. Roylott war ja schon seit langem berüchtigt in der ganzen Gegend. Aber das Gericht konnte die Todesursache nicht aufklären. Ich gab zu Protokoll, dass die Tür von innen verschlossen gewesen war und sich vor den Fenstern schwere alte Läden, die noch dazu mit dicken Eisenstangen versehen sind, befinden. Die Wände ihres Zimmers wurden abgeklopft, alles ohne Erfolg. Es ist deshalb mit Sicherheit anzunehmen, dass meine Schwester allein im Zimmer war. Auch wies ihr Körper keine Spuren irgendwelcher Gewaltanwendung auf.«

»Gift vielleicht?«

»Auch daraufhin wurde sie untersucht. Nichts.«

»Was glauben Sie, woran Ihre Schwester starb?«

»Ich bin überzeugt davon, dass sie an der Angst starb, an einem Schock, obwohl ich mir nicht vorstellen kann, was sie so sehr entsetzte.«

»Waren zu dieser Zeit Zigeuner in der Umgebung?«

»Ja, es waren beinahe immer welche da.«

»Und was sagt Ihnen diese letzte Bemerkung von einem Band – einem gefleckten Band?«

»Manchmal dachte ich, dass sie das einfach im Delirium gesagt hat. Dann überlegte ich mir, ob sie vielleicht auf eine Bande von Menschen anspielen wollte, vielleicht gerade auf die Zigeuner. Vielleicht könnten die gepunkteten Kopftücher, die viele von ihnen tragen, damit gemeint gewesen sein.«

Holmes schüttelte den Kopf. Der Gedanke schien ihn nicht zu befriedigen.
»Fahren Sie bitte fort«, sagte er dann.
»Zwei Jahre sind seither vergangen. Mein Leben wurde einsamer denn je. – Vor einem Monat nun hat mich ein Mann, den ich seit vielen Jahren kenne und schätze, gebeten seine Frau zu werden. Mein Stiefvater hat nichts gegen diese Verbindung einzuwenden. Wir wollen noch im Frühjahr heiraten.
Vor zwei Tagen nun wurde im Westflügel des Hauses, den wir bewohnen, mit ein paar Reparaturen begonnen. Dabei musste eine Wand meines Schlafzimmers durchbrochen werden. Ich zog solange in das Zimmer, in dem meine Schwester starb. Ich schlafe nun im gleichen Bett, in dem auch sie geschlafen hat. Vielleicht können Sie sich mein Entsetzen vorstellen, als ich in der vergangenen Nacht plötzlich ein Pfeifen hörte. Ich zündete die Lampe an, aber es war nichts zu sehen. Ich war viel zu erregt, um wieder ins Bett zu gehen. Ich zog mich an, und als es hell wurde, stahl ich mich aus dem Haus. Ich nahm mir im Gasthaus einen Wagen und fuhr zur Bahnstation nach Leatherhead[8]. Ich erreichte noch den Frühzug – alles Weitere wissen Sie.«
»Das war sehr klug von Ihnen«, sagte Holmes. »Haben Sie mir alles erzählt?«
»Ja, alles.«
»Miss Stoner, das stimmt nicht. Sie decken Ihren Stiefvater.«
»Warum? Was meinen Sie damit?«
Statt einer Antwort schob Holmes die Spitzenrüsche zurück, die über die Hand der Frau fiel. Fünf leuchtend rote Flecken, die Spuren von vier Fingern und einem Daumen, waren deutlich auf dem weißen Handgelenk zu sehen.
Die junge Frau errötete und verbarg das verletzte Gelenk.
»Er ist ein harter Mann«, sagte sie, »vielleicht weiß er gar nicht, wie stark er ist.«
Ein paar Minuten lang war Schweigen im Raum. Holmes starrte ins Feuer.

8 Stadt südwestlich von London

»Da gibt es noch tausend Dinge, die ich wissen müsste«, sagte er, »ehe ich mir meinen Plan zurechtlege. Aber wir haben keine Zeit mehr zu verlieren. Wenn wir nun heute nach Stoke Moran hinausführen: wäre es dann möglich, die Räume im Westflügel zu besichtigen, ohne dass Ihr Stiefvater davon erführe?«

»Heute ja. Dr. Roylott ist in der Stadt. Er sagte, er habe wichtige geschäftliche Dinge zu erledigen. Wahrscheinlich bleibt er den ganzen Tag über weg. Wir haben jetzt zwar eine Haushälterin, aber sie ist alt und nicht gerade ein Kirchenlicht; ich könnte sie leicht aus dem Weg halten.«

»Sehr gut. Du hast doch nichts gegen die Fahrt, Watson?«

»Im Gegenteil.«

»Dann kommen wir beide. Und was haben Sie vor?«

»Ich würde gern noch ein paar Dinge erledigen, da ich schon in der Stadt bin. Aber ich fahre mit dem Zwölf-Uhr-Zug zurück und werde Sie erwarten.«

»Wir werden am frühen Nachmittag bei Ihnen sein.«

»Ich bin sehr froh, dass Sie kommen wollen.« Sie zog den dichten schwarzen Schleier über ihr Gesicht und verabschiedete sich.

»Was hältst du davon, Watson?« Sherlock Holmes lehnte sich zurück.

»Ich sehe nicht klar.«

»Ich auch nicht. Aus diesem Grunde gehen wir auch heute noch nach Stoke Moran. Ich will mich selbst einmal dort umsehen. Aber was, in drei Teufels Namen …«

Plötzlich wurde die Tür aufgerissen. Ein Riese von einem Mann stand auf der Schwelle, so groß, dass sein Kopf am oberen Türbalken anstieß. Sein großflächiges Gesicht, über das sich tausend Fältchen zogen, war von der Sonne gelb ausgedörrt worden. Seine tief liegenden Augen und die scharf geschnittene Nase gaben ihm das Aussehen eines ungezähmten alten Raubvogels.

»Wer von Ihnen ist Holmes?«, fragte er scharf.

»Das ist mein Name, Sir, aber ich wüsste nicht …«

»Ich bin Dr. Grimesby Roylott von Stoke Moran.«

»Freut mich«, sagte Holmes kühl. »Nehmen Sie bitte Platz.«

»Ich denke nicht daran. Meine Stieftochter war hier. Was hat sie Ihnen erzählt?«

»Etwas kalt für die Jahreszeit heute«, sagte Holmes, »finden Sie nicht?«

»Was hat sie Ihnen erzählt?«, schrie der alte Mann unbeherrscht.

»Aber wie ich hörte, sollen die Krokusse bald blühen«, fuhr Holmes unerschüttert fort.

Unser Besucher kam einen Schritt näher und hob seine Reitpeitsche. »Ich weiß Bescheid. Sie sind Holmes, der seine Nase in jeden Dreck steckt!«

Mein Freund lächelte.

»Holmes, der Gernegroß!«

Die Lachfältchen in Holmes' Gesicht vertieften sich.

»Holmes, der Scotland-Yard[9]-Kasper!«

Holmes lachte laut heraus. »Sie sind ein amüsanter Gesellschafter«, sagte er. »Wenn Sie gehen, machen Sie doch bitte die Tür zu; es zieht.«

»Ich gehe, wenn es mir passt. Und unterstehen Sie sich, sich in meine Angelegenheiten zu mischen. Ich weiß, dass Miss Stoner hier war – ich bin ihr nachgegangen. Es ist gefährlich, mich hinters Licht führen zu wollen!« Mit einem Schritt war er am Kamin. Er ergriff den Feuerhaken und seine sehnigen braunen Hände bogen ihn krumm.

»Hüten Sie sich. Wenn ich Sie je in meine Finger bekommen sollte …« Er warf den verbogenen Feuerhaken in den Kamin und schlug dann die Tür hinter sich zu.

»Ein liebenswerter Mensch«, sagte Holmes, immer noch lächelnd. »Wenn er geblieben wäre, hätte ich ihm zeigen können, dass meine Hände nicht viel schwächer sind als die seinen.« Er hob den eisernen Feuerhaken auf, hielt ihn ein paar Sekunden in den Händen und bog ihn dann in einer plötzlichen Bewegung wieder gerade.

»Eine Frechheit mich mit der Polizei zu vergleichen! Das soll mir ein Ansporn sein. Ich will nur hoffen, dass Miss Stoner ihre Un-

---

9 Hauptgebäude der Londoner Polizei, übertragen: Londoner Kriminalpolizei

vorsichtigkeit nicht büßen muss. Aber jetzt wollen wir erst einmal essen. Dann muss ich zur Ärztekammer; vielleicht kann man uns dort mit ein paar Hinweisen helfen.«

Kurz vor ein Uhr kam Holmes zurück. Er zog ein großes Blatt Papier aus der Tasche.

»Ich habe mir das Testament der verstorbenen Mrs. Roylott angesehen«, sagte er. »Das Geld ist in Wertpapieren angelegt. Das Jahreseinkommen betrug im Jahre ihres Todes wenig unter tausendeinhundert Pfund, jetzt liegt es etwa bei siebenhundertfünfzig Pfund. Im Falle einer Heirat haben beide Töchter Anspruch auf zweihundertfünfzig Pfund jährlich. Wenn beide Töchter geheiratet hätten, wäre diesem Edelmann nur ein äußerst kärgliches Einkommen geblieben; schon die Heirat einer Tochter hätte ihn beim augenblicklichen Stand der Dinge ruiniert. Ein starkes Motiv, um eine Heirat zu verhindern. Ich fürchte, wir haben nicht mehr viel Zeit zu verlieren. Am besten, du nimmst deine Waffe mit, Watson. Bei einem Herrn, der eiserne Feuerhaken wie Plastilin behandelt, ist eine Pistole noch das beste Argument.«

Wir hatten Glück. An der Waterloo-Station lief eben ein Zug nach Leatherhead ein. Dort mieteten wir uns einen Wagen und fuhren sofort weiter nach Stoke Moran. Holmes hatte sich den Hut tief in die Stirn gezogen und die Arme verschränkt. Plötzlich fuhr er hoch, stieß mich an und deutete über die Wiesen.

»Stoke Moran?«, fragte er den Kutscher.

»Ja, Sir, das ist das Haus von Dr. Grimesby Roylott.« Der Kutscher wies auf das Ziegeldach, das jetzt hinter den Baumwipfeln eines weitläufigen Parkes auftauchte.

»Da wird gebaut«, sagte Holmes; »wir sind also richtig.«

»Dort liegt das Dorf.« Der Kutscher deutete auf ein paar Dächer, die man in der Ferne sehen konnte. »Aber wenn Sie zum Gutshaus wollen, der kürzeste Weg ist der an den Feldern entlang. Da vorn, der Fußweg, wo Sie die Dame sehen.«

»Das wird Miss Stoner sein«, sagte Holmes.

Wir stiegen aus und bezahlten den Kutscher. Der Wagen wendete und fuhr zurück nach Leatherhead.

»Der Bursche soll ruhig glauben«, sagte Holmes, »dass wir Architekten sind oder mit den Bauarbeitern zu tun haben. Dann wird nicht weiter geredet. – Guten Tag, Miss Stoner. Sie sehen, man kann sich auf uns verlassen.«

»Ich habe Sie voll Ungeduld erwartet!«, rief sie und drückte uns die Hand.

»Wir hatten das Vergnügen Dr. Roylott kennen zu lernen.« Holmes erzählte ihr, was geschehen war.

Miss Stoner war aschfahl geworden. »Mein Gott! Er ist mir also gefolgt.«

»Anscheinend.«

»Er ist unberechenbar. Ich weiß nie, wann ich vor ihm sicher bin. Was wird wohl geschehen, wenn er zurückkommt?«

»Wenn er gewalttätig wird, bringen wir Sie am besten zu Ihrer Tante nach Harrow. Jetzt aber müssen wir die Zeit nützen, die uns zur Verfügung steht. Führen Sie uns gleich zu den Räumen, die wir ansehen wollen.«

An dem bewohnten Flügel des Hauses war ein Gerüst aufgerichtet. Eine Seitenwand war teilweise durchbrochen, aber im Augenblick waren die Bauarbeiter nicht an der Arbeit. Holmes ging auf dem schlecht geschnittenen Rasen langsam hin und her und betrachtete lange die Fensterfront.

»Dieses Fenster gehört also zu dem Zimmer, in dem Sie schliefen, das mittlere zu dem Ihrer Schwester und das nächstfolgende ist Dr. Roylotts Zimmer?«

»Ja, aber ich schlafe jetzt im mittleren.«

»Wegen der Bauarbeiter. Ich kann allerdings nichts sehen, was an dieser Wand so dringend repariert werden müsste.«

»Ich bin überzeugt, dass es nur ein Vorwand war.«

»Auf der Rückseite dieses Flügels ist wohl der Korridor, auf den die Türen dieser drei Zimmer führen. Hat er Fenster?«

»Ja, aber nur sehr kleine. Zu klein, als dass jemand sich durchzwängen könnte.«

»Würden Sie jetzt bitte in Ihr Zimmer gehen und die Fensterläden von innen schließen?«

Miss Stoner machte die Läden zu. Holmes untersuchte den Verschluss aufmerksam und versuchte die Läden mit Gewalt zu öffnen. Es gelang ihm nicht. Dann untersuchte er mit seinem Vergrößerungsglas die Angeln, in denen die Läden hingen. Sie waren aus massivem Eisen und fest in den stabilen hölzernen Rahmen eingelassen. »Hm«, sagte Holmes, »diese Läden konnten unmöglich mit Gewalt geöffnet werden. Jetzt wollen wir uns die Sache einmal von innen ansehen, Watson.«

Wir schritten durch den weiß gekalkten Flur, auf den die drei Schlafzimmertüren führten. Holmes verzichtete darauf, das dritte Zimmer zu besichtigen. Wir gingen sofort ins Mittelzimmer, in dem Miss Stoner zurzeit schlief und wo ihre Schwester gestorben war.

Es war ein freundliches kleines Zimmer mit einem offenen Kamin, ein Raum, wie man ihn in vielen alten Landhäusern findet. In der einen Ecke stand eine braune Kommode, ein schmales weiß bezogenes Bett in der andern und links vom Fenster stand ein Frisiertisch. Zwei Rohrstühle und ein Teppich in der Mitte – das war alles. Holmes zog sich einen Korbstuhl in die Ecke und setzte sich. Schweigend ließ er seine Blicke durch den Raum wandern; ich wusste, dass er sich dabei auch die geringste Kleinigkeit einprägte.

»Wohin geht diese Klingel?«, fragte er und deutete auf eine Schnur, die über dem Kopfende des Bettes hing.

»Zum Zimmer der Haushälterin.«

»Sieht neuer aus als die anderen Dinge hier.«

»Sie wurde erst vor ein paar Jahren eingerichtet.«

»Bat Ihre Schwester darum?«

»Nein, ich habe auch nie gesehen, dass Julia sie benutzte. Was wir brauchten, holten wir uns selbst.«

Holmes murmelte etwas und legte sich dann mit dem Vergrößerungsglas in der Hand auf den Boden. Er kroch vor und zurück und überprüfte jede einzelne Bodenritze. Dann wandte er seine Aufmerksamkeit den holzverkleideten Wänden zu.

Schließlich trat er vor das Bett. Er betrachtete es ein paar Sekunden schweigend. Dann nahm er die Klingelschnur in die Hand und zog einmal kurz daran. »Nur eine Attrappe«, sagte er. »Sie ist nicht einmal mit einem Draht verbunden. Sehen Sie, sie hängt an einem Haken über der kleinen Ventilatoröffnung.«

»Eigenartig! Das ist mir nie zuvor aufgefallen.«

Holmes zog noch einmal an der Schnur. »Nicht das Einzige an diesem Zimmer, das eigenartig ist. Was für ein Idiot von Architekt muss das gewesen sein, der einen Ventilator nach dem anderen Zimmer legt und nicht an die Außenwand.«

»Der Ventilator ist auch noch nicht sehr alt«, sagte Miss Stoner.

»Wurde er gleichzeitig mit der Klingelschnur eingebaut?«

»Ja. Damals wurden verschiedene Kleinigkeiten geändert.«

»Interessante Kleinigkeiten – Klingel-Attrappen und Ventilatoren ohne Frischluft. Wenn Sie erlauben, Miss Stoner, werden wir uns jetzt im nächsten Zimmer umsehen.«

Dr. Grimesby Roylotts Zimmer war größer als das seiner Stieftochter, aber genauso einfach eingerichtet. Ein Bett, ein kleines hölzernes Bücherregal, ein Holzstuhl, ein runder Tisch und ein großer Safe waren die Haupteinrichtungsgegenstände.

»Was ist hier drin?«, fragte Holmes und legte die Hand auf den Safe.

»Die Geschäftspapiere meines Stiefvaters.«

»Sie haben den Safe also schon offen gesehen?«

»Einmal nur, vor ein paar Jahren. Damals war er mit Papieren angefüllt.«

»Eine Katze kann nicht drin sein?«

»Nein. Wie kommen Sie denn darauf?«

Holmes hob eine kleine Untertasse mit Milch hoch, die auf dem Safe stand.

»Katzen haben wir nicht im Haus. Aber der Leopoard …«

»Natürlich! Auch ein Leopard ist eine Katze, ein bisschen groß allerdings, und ob solch ein Tier mit einer Schale Milch zufrieden sein wird?«

Er kniete vor dem Holzstuhl nieder und untersuchte aufmerksam den Sitz.

»Das hätten wir also auch«, sagte er schließlich. Er erhob sich

und steckte das Vergrößerungsglas wieder ein. »Hallo! Noch eine Kleinigkeit!« Er hatte eine kleine Hundepeitsche entdeckt, die über dem Bettende hing. Die Peitschenschnur war am Stiel so festgebunden, dass sie eine Schlinge bildete.
»Was hältst du davon, Watson?«
»Eine ganz alltägliche Peitsche. Aber warum ist sie nur so festgebunden?«
»Das ist nicht ganz so alltäglich, was? Miss Stoner, ich habe genug gesehen. Ich danke Ihnen.«
So grimmig entschlossen und so ernst hatte ich Holmes noch nie gesehen. Wir verließen das Haus und gingen auf dem Rasen auf und ab. Weder Miss Stoner noch ich wagten es, ihn zu stören. Endlich blickte er auf.
»Ihr Leben hängt davon ab, Miss Stoner«, sagte er, »dass Sie sich in jedem einzelnen Punkt so verhalten werden, wie ich es Ihnen jetzt sagen werde.«
»Ich verspreche es Ihnen.«
»Dr. Watson und ich werden diese Nacht in Ihrem Zimmer verbringen.«
Miss Stoner und ich blickten ihn verblüfft an.
»Ich will es Ihnen erklären. Wenn ich mich nicht täusche, liegt in dieser Richtung das Dorfgasthaus?«
»Ja, die ›Krone‹.«
»Sehr gut. Kann man von dort Ihre Fenster sehen?«
»Ja.«
»Sie müssen auf Ihrem Zimmer bleiben, wenn Ihr Stiefvater zurückkommt. Erfinden Sie eine Ausrede. Sagen Sie, Sie hätten Kopfweh. Wenn Sie hören, dass er in sein Zimmer geht, stellen Sie die Lampe als Zeichen für uns auf. Gehen Sie dann leise in das Zimmer, in dem Sie sonst schlafen. Sicher wird das trotz der Bauarbeiten für eine Nacht möglich sein.«
»O ja, das geht.«
»Den Rest überlassen Sie uns.«
»Was wollen Sie tun?«
»Wir werden die Nacht in Ihrem Zimmer verbringen, dem Zim-

mer Ihrer Schwester, um genau zu sein, und uns mit den Geräuschen beschäftigen, die Sie gehört haben.«

»Ich habe das Gefühl, Mr. Holmes, dass Sie bereits zu einem Schluss gekommen sind«, sagte Miss Stoner. Sie legte ihre Hand auf Holmes' Arm.

»Vielleicht.«

»Dann flehe ich Sie an: Sagen Sie mir, wie meine Schwester gestorben ist.«

»Ich möchte Beweise haben, ehe ich darüber spreche.«

»Sagen Sie mir wenigstens, ob meine Vermutung stimmt, dass sie sich zu Tode erschreckt hat.«

»Nein, das glaube ich nicht. Jetzt müssen wir Sie aber verlassen, Miss Stoner. Wenn Dr. Roylott zurückkäme und uns hier fände, dann wäre alles vergeblich. Leben Sie wohl. Seien Sie tapfer. Wenn Sie meinen Rat genau befolgen, werden wir dem Spuk bald ein Ende bereitet haben.«

Wir mieteten in der ›Krone‹ ein Zimmer. Von unserem Fenster aus konnten wir das Eingangstor und den Wohnflügel des Gutshauses beobachten.

Bei Einbruch der Dunkelheit sahen wir Dr. Grimesby Roylott zurückkommen. Ein wenig später ging in einem der Wohnzimmer das Licht an.

»Ich muss gestehen, Watson«, sagte Holmes, als wir im Dunkeln am Fenster saßen, »es sind mir Bedenken gekommen, dich heute Nacht mitzunehmen. Die Sache ist sehr gefährlich.«

»Kann ich dir dabei helfen?«

»Deine Gegenwart kann von unschätzbarem Wert sein.«

»Dann komme ich auf jeden Fall mit.«

»Ich danke dir.«

»Du sprichst von Gefahr. Natürlich hast du wieder mehr gesehen als ich.«

»Nein, vielleicht gehen nur meine Schlussfolgerungen etwas weiter. Ich denke doch, dass du genauso viel bemerkt hast wie ich.«

»Außer dieser Klingelschnur fiel mir eigentlich nichts Außergewöhnliches auf.«

»Hast du den Ventilator gesehen?«
»Ja, trotzdem finde ich es nicht so ungewöhnlich. Im Übrigen ist die Öffnung zum anderen Zimmer so klein, dass kaum eine Maus durchschlüpfen könnte.«
»Ich wusste von diesem Ventilator, ehe wir überhaupt nach Stoke Moran kamen.«
»Na, na …«
»Erinnerst du dich, dass sie uns erzählte, ihre Schwester habe gerochen, dass Dr. Roylott in seinem Zimmer eine Zigarre rauchte. Es war also anzunehmen, dass zwischen diesen beiden Räumen eine Verbindung bestand. Ich tippte auf einen Ventilator.«
»Nun gut, aber was ist Schlimmes an einem Ventilator?«
»Die eigenartige zeitliche Übereinstimmung. Ein Ventilator wird installiert, eine Klingelschnur wird angebracht, eine junge Dame, die im Bett schläft, stirbt unvermittelt.«
»Ich kann immer noch keinen Zusammenhang entdecken.«
»Das Bett. Fiel dir daran nicht irgendetwas Ungewöhnliches auf?«
»Nein.«
»Es war am Fußboden festgeschraubt. Hast du je schon einmal ein festgeschraubtes Bett gesehen?«
»Nein, nicht dass ich wüsste.«
»Die junge Dame konnte ihr Bett nicht verschieben. Ventilator und Seil – so können wir es ruhig nennen, denn eine Klingelschnur war es nie – mussten immer in gleich bleibender Entfernung vom Bett sein.«
»Holmes«, rief ich, »ich glaube, langsam verstehe ich. Wir sind wirklich im letzten Augenblick gekommen, um ein zweites Verbrechen zu verhindern.«
»Teuflisch und klug. Ein Arzt, der zum Verbrecher wird, ist besonders gefährlich. Er ist kaltblütig und er kennt viele Mittel und Wege. Heute Nacht könnten wir ausziehen das Fürchten zu lernen.«
Gegen neun Uhr gingen die Lichter zwischen den Bäumen aus. Das Gutshaus versank im Dunkel. Zwei Stunden vergingen. Plötzlich, Punkt elf, leuchtete ein einzelnes helles Licht auf.

»Unser Zeichen!« Holmes sprang auf. »Es ist das mittlere Fenster.«

Durch die dunkle Straße fegte ein kalter Wind. Es war nicht schwierig, in den Park zu gelangen. Im Schutze der Bäume schlichen wir leise bis zum Rasen. Wir wollten eben durchs Fenster steigen, als aus dem verwilderten Buschwerk ein dunkler Schatten hervorstürzte. Er sah aus wie ein grausig verkrüppeltes Kind, warf sich mit zuckenden Gliedern ins Gras und verschwand dann schnellfüßig in der Dunkelheit.

»Mein Gott!«, flüsterte ich. »Hast du das gesehen?«

Holmes war im ersten Augenblick genauso erschrocken wie ich. Seine Finger schlossen sich mit hartem Griff um mein Handgelenk. Dann fing er leise zu lachen an.

»Ein reizender Haushalt«, flüsterte er, »das war der Pavian.«

Ich hatte die seltsamen Haustiere des Doktors völlig vergessen. Da war ja auch noch ein Leopard; wenn wir Glück hatten, konnte er uns jeden Moment anspringen. Ich muss gestehen, dass ich aufatmete, als ich schließlich mit Holmes zusammen im Schlafzimmer angelangt war. Er schloss behutsam die Läden, stellte die Lampe auf den Tisch und blickte sich im Zimmer um. Es war alles unverändert.

Holmes kam ganz nahe zu mir heran und flüsterte beinahe unhörbar an meinem Ohr:

»Das geringste Geräusch kann alles verderben.«

Ich nickte, zum Zeichen, dass ich verstanden hatte.

»Schlafe nur nicht ein! Es könnte dich das Leben kosten. Revolver bereit? Ich setze mich aufs Bett, nimm du den Stuhl.«

Ich legte meinen Revolver vor mich auf den Tisch.

Holmes hatte einen langen dünnen Rohrstock mitgebracht und legte ihn neben sich aufs Bett, daneben eine Schachtel mit Streichhölzern und einen Kerzenstumpf. Schließlich löschte er die Lampe.

Wir saßen im Dunkeln. Aus der Ferne hörten wir alle Viertelstunde die tiefen Glockentöne der Kirchenuhr. Eine Ewigkeit schien zwischen diesen Tönen zu liegen! Zwölf Uhr. Eins, zwei. Um drei

Uhr saßen wir immer noch in fieberhafter Spannung und warteten auf etwas, das wir nicht kannten.
Plötzlich fiel ein Lichtstrahl durch den Ventilator. Er erlosch sofort wieder. Ich hörte, wie sich im Nebenzimmer jemand leise bewegte. Dann war wieder alles still. Eine halbe Stunde lang lauschte ich angespannt. Dann hörte ich plötzlich etwas – ein schwaches, zischendes Geräusch.
Im gleichen Augenblick sprang Holmes vom Bett auf und schlug wie wild mit seinem Stock auf die Klingelschnur ein.
»Siehst du sie, Watson?«, schrie er gellend. »Siehst du sie?«
Ich sah nichts. Als ich die Kerze anzündete, hörte ich ein leises klares Pfeifen. Der Lichtschein blendete mich aber so, dass ich nicht erkennen konnte, worauf Holmes so wild einhieb. Ich sah nur sein bleiches, verzerrtes Gesicht.
Er hielt seinen Stock nun ruhig in der Hand und starrte zum Ventilator hinauf, als plötzlich die Stille der Nacht durch einen entsetzlichen, markerschütternden Schrei zerrissen wurde. Schmerz, Angst und Wut vereinten sich in einem entsetzlichen, heiseren Gebrüll. Ich war wie gelähmt. Ich starrte auf Holmes, bis die Schreie erstarben und uns wieder die Stille der Nacht umgab.
»Was war das?«, flüsterte ich mit erstickter Stimme.
»Vielleicht ist es so am besten«, sagte Holmes. »Nimm deinen Revolver, wir gehen in Dr. Roylotts Zimmer.«
Er zündete die Lampe an und öffnete die Tür zum Korridor. Er klopfte zweimal. Es kam keine Antwort. Dann drückte er die Türklinke nieder und trat ein. Ich folgte ihm mit entsichertem Revolver.
Auf dem Tisch stand eine Sturmlaterne. Ihr Licht fiel auf den Safe, dessen Tür weit offen stand. Neben dem Tisch saß Dr. Roylott, in einem langen grauen Morgenrock, die nackten Füße in flachen roten Türkenpantoffeln. Auf seinem Schoß lag die Hundepeitsche.
Seine schrecklich starren Augen waren auf eine Ecke der Zimmerdecke gerichtet. Um seine Stirn wand sich ein eigenartiges gelbes Band mit bläulichen Tupfen. Er rührte sich nicht.

»Das Band! Das gesprenkelte Band!«, flüsterte Holmes.
Ich trat einen Schritt vor. In der gleichen Sekunde begann der unheimliche Kopfschmuck sich zu bewegen. Aus den Haaren des Doktors erhob sich der flache Kopf einer Schlange.
»Eine ›Swamp adder‹!«, schrie Holmes. »Die gefährlichste Schlange Indiens. Ihr Biss tötet in zehn Sekunden.«
Er nahm dem Toten die Hundepeitsche aus den Händen, warf dem Reptil blitzschnell die Schlinge um den Hals und trug es mit weit ausgestrecktem Arm zum Safe zurück. Die schwere Tür schlug zu.
So starb Dr. Grimesby Roylott von Stoke Moran.

Als der Tag kam, setzten wir die verstörte Miss Stoner in den Zug, der sie nach Harrow zu ihrer Tante brachte. Erst als wir nach London zurückfuhren, klärte mich Holmes über die letzten, mir noch dunklen Punkte auf.
»Ich war zu einem völlig falschen Schluss gekommen, Watson. Das beweist wieder einmal, wie gefährlich es sein kann, aus unzulänglichen Unterlagen Schlüsse zu ziehen. Die Anwesenheit der Zigeuner und die letzten gestammelten Worte, mit denen das arme Mädchen zweifellos das Schreckliche beschreiben wollte, das sie im flackernden Licht ihres Streichholzes gesehen hatte, brachten mich auf eine vollkommen falsche Spur, die Zigeuner nämlich. Korrigieren konnte ich mich erst in dem Augenblick, als ich erkannte, dass die Gefahr weder vom Fenster noch von der Tür her kommen konnte.
Meine ganze Aufmerksamkeit galt jetzt dem Ventilator und der Klingelschnur. Die Entdeckung, dass es sich dabei um eine Attrappe handelte und dass das Bett am Fußboden festgeschraubt war, erweckte sogleich in mir den Verdacht, dass das Seil nur als Brücke dienen konnte. Ich dachte sofort an eine Schlange. Da mir bekannt war, dass der Doktor indische Tiere hielt, baute ich diese Theorie aus.
Siehst du, Watson, die Idee, den Mord mit Hilfe eines Giftes auszuführen, das nicht nachgewiesen werden kann, passte sehr gut zu

einem klugen und kaltblütigen Mann, der lange Jahre im Osten gelebt hat. Wichtig für ihn war auch die schnelle Wirksamkeit des Giftes. Dass bei einer Untersuchung die zwei kleinen dunklen Punkte, die die Giftzähne hinterlassen hatten, bemerkt würden, war unwahrscheinlich.

Dann das Pfeifen. Dr. Roylott musste die Schlange ja wieder zurückrufen. Wahrscheinlich hat er sie abgerichtet auf seinen Pfiff zurückzukommen. Er ließ sie also durch den Ventilator kriechen. Sie musste an dem Seil auf das Bett hinabgleiten, eine andere Möglichkeit gab es nicht. Ob sie nun gleich beim ersten Mal zubiss oder nicht, konnte er zwar nicht im Voraus wissen, aber früher oder später musste es eben doch geschehen und das Opfer war rettungslos verloren.

So viel war mir bereits klar, als ich das Zimmer des Doktors betreten hatte. Als ich dann noch den Stuhl untersuchte, sah ich, dass er oft auf dem Sitz gestanden haben musste, und das war natürlich unumgänglich, wenn er zum Ventilator reichen wollte.

Der Safe, das Schälchen Milch, die zu einer Schlinge geknüpfte Peitschenschnur – das alles gab mir die letzte Gewissheit.

Das Metallgeräusch, dass Miss Stoner gehört hatte, rührte offensichtlich daher, dass der Doktor die Tür zum Safe etwas zu hastig hinter dem unheimlichen Tier geschlossen hatte.

So viel also wusste ich, als ich die Schlange zischen hörte. Ich schlug auf sie ein.«

»Du triebst sie so wieder durch den Ventilator zurück.«

»Nicht nur das. Ich reizte sie damit, dass sie auf ihren Herrn losging. Indirekt also trifft mich die Schuld an Dr. Grimesby Roylotts Tod, aber ich muss gestehen, Watson, diese Schuld lastet nicht allzu schwer auf meinem Gewissen.«

Henry Syndor Harrison
Miss Hinch

Wenn man von einem bestimmten Punkt in der hundertsechsundzwanzigsten Straße zur U-Bahn-Station in der hundertfünfundzwanzigsten Straße geht, schlägt man gewöhnlich nicht einen Bogen um den Block der hundertsiebenundzwanzigsten Straße – besonders nicht bei Graupelregen, Dunkelheit und beißender Kälte. Wenn aber zwei Leute gleichzeitig diesen Weg verfolgen und sich dabei möglichst unauffällig auf den gegenüberliegenden Straßenseiten bewegen, liegt es in der Natur der Dinge, dass dieser Zufall wahrscheinlich die Aufmerksamkeit des einen oder anderen erregt.
Im hellen Licht des Eingangs zum Tunnel begegneten sie sich fast und der Geistliche warf einen forschenden Blick auf sie. Aus der Nähe betrachtet entpuppte sie sich als ein gewiss recht gut und anständig aussehendes Wesen: weißhaarig, faltig, bebrillt und gebeugt. Mit ihrem alten schwarzen Hut, dem fadenscheinigen Schleier und dem grauen Umschlagtuch sah sie wie eine ärmliche, aber respektierliche Dienerin der besseren Klasse aus; und der kurze Blick, den sie dem Geistlichen zuwarf, drückte genau das aus, was man von einer Frau ihres Standes erwarten sollte – offene Ehrerbietung. Trotzdem fuhr er fort sie mit angespannter Aufmerksamkeit zu mustern, als er langsam hinter ihr die zugigen Treppen hinunterstieg.
Ein Expresszug donnerte gerade herein und der Geistliche mit seinem dicken Krückstock hätte ihn fast nicht mehr erreicht, da er von einem Klumpfuß behindert war. Er stieg in denselben Wagen wie die alte Frau und setzte sich, wie zufällig, auf einen Platz direkt ihr gegenüber. Es musste schon nach zwölf Uhr sein und das raue Wetter ermutigte niemanden, so spät noch unterwegs zu sein Das Abteil war fast leer. Selbst in dieser unterirdischen Zuflucht blies und biss die bittere Nachtkälte und die alte Frau zitterte unter ihrem Tuch. Ihre Zähne klapperten und schließlich stand sie mit einem entschuldigenden Blick auf und begab sich in den besser geschützten hinteren Teil des Wagens. Während sie dorthin ging, befühlte sie die freien Sitze auf der Suche nach warmen Heizungsrohren. Der Geistliche blickte ihr nach und beob-

achtete, wie sie kurz darauf auf einen Platz an seiner Seite des Wagens sank. Ein junges Paar saß jetzt zwischen ihnen und er konnte die alte Frau nicht mehr sehen; lediglich ihre schwarzen Knie und ihr altmodisches Häubchen, das mit einer langen, metallenen Hutnadel befestigt war, schauten ab und zu hervor.

Nichts hätte natürlicher oder belangloser scheinen können als dieser Platzwechsel eines ältlichen, halb erfrorenen Fahrgastes. Aber es geschah zu einer Zeit, da jeder jedem misstraute: in einer Zeit gegenseitiger Zweifel und gespanntester Wachsamkeit, da die Menschen argwöhnisch in jedes fremde Gesicht blickten und die unbedeutendste Begebenheit mit fast hysterischer Wichtigtuerei aufgenommen wurde. Tagelange, fruchtlose Suche nach einer flüchtigen Verbrecherin mit außerordentlichen Fähigkeiten hatte die Nerven der Stadt langsam fast bis zum Zerreißen gespannt. Alle schraken zusammen, wenn jemand ›Buh!‹ rief, und zwanzigmal am Tage wurde blind Zeter und Mordio geschrien.

Der Geistliche begann zu grübeln; mechanisch schlug er dabei seinen Kragen hoch und fing an mit seinen eisigen Füßen zu stampfen. Seiner Kleidung nach war er ein Geistlicher der Episkopalkirche[1] – ein ziemlich kurz geratener, recht stark gebauter, um nicht zu sagen dicker, pausbäckiger und bärtiger Mann, dessen schwere Wangen von tiefen Falten durchfurcht waren. So gut er also auch gegen die Kälte gepolstert war, begann er doch ebenfalls sichtlich darunter zu leiden und sah sich in Kürze gezwungen seinerseits den Rückzug anzutreten und einen anderen Sitzplatz zu suchen, wo die Heizung sich besser bemerkbar machte. Er fand einen, zwei Plätze neben der alten Dienerin, ließ sich hineinfallen und versank bald in seine eigenen Gedanken.

Das junge Paar, das jetzt eine halbe Wagenlänge entfernt vor ihm saß, war eingehend nur mit sich selbst beschäftigt. Der fünfte Mitreisende, ein verwitterter alter Herr, der in der Nähe der Mitteltür auf der anderen Seite des Ganges saß, war unruhig eingenickt, Hände und Kinn auf seinen Krückstock gestützt. Die Frau

---

1 (*Episkopus*, lat.: Bischof) protestantische Kirchengemeinden in England und Amerika, deren höchste Geistliche Bischöfe sind

mit Hut und Umschlagtuch saß in einer Art traurigen Schweigens; und der Zug warf sich heulend durch den Tunnel.
Nach einiger Zeit sah sie furchtsam zu dem in Nachdenken versunkenen Geistlichen hinüber und ihr Blick glitt schnell von seinem Gesicht auf das abgelegte ›Zehn-Uhr-Extrablatt‹ an seiner Seite. Sie sah rasch wieder weg und ließ ihren verschwommenen Blick ziellos durch den Wagen wandern; aber schon bald kehrte er zurück und blieb begehrlich auf dem Zeitungsblatt haften. Dann, offensichtlich etwas gehemmt, beugte sie sich vor und fragte:
»Entschuldigen Sie bitte, Pater, aber würden Sie mich vielleicht einen Blick in Ihre Zeitung werfen lassen?«
Der Geistliche erwachte sofort aus seiner Versunkenheit und blickte mit einem fast eifrigen Lächeln auf.
»Gewiss. Behalten Sie es, wenn Sie wollen; ich habe es durchgelesen. Aber«, fügte er mit tiefer, angenehmer Stimme hinzu, »ich bin ein Pfarrer der Episkopalkirche, kein Pater.«
»Oh Sir – ich bitte Sie um Verzeihung! Ich dachte – – –«
Mit einem freundlichen Lächeln und einer Handbewegung wehrte er ihre Entschuldigung ab.
Die Frau entfaltete die Zeitung mit sittsam in Baumwollhandschuhe gekleideten Fingern. Die schreienden Schlagzeilen verrieten auf einen Blick die ganze Geschichte. ›Miss Hinch wie vom Erdboden verschluckt – Polizei hat den Fall so gut wie aufgegeben – Selbst Jessie Dark‹ – so lauteten die Riesenlettern weiter – ›scheint vor einem Rätsel zu stehen‹. Unter den Schlagzeilen stand ein sensationell aufgemachter, aber dünner Bericht ›Von Jessie Dark‹, der sogleich die Folgerungen aus der Überschrift bestätigte.
›Jessie Dark‹ war eines der außergewöhnlichsten Geschöpfe, die die Boulevardpresse[2] hervorgebracht hatte – ein weiblicher ›Kriminalexperte‹, der sich über diesen Fall hergemacht hatte. Darüber hinaus war sie jedoch anscheinend ein ›Kriminalexperte‹, den man ernst nehmen musste; keine bloße Schnüfflerin vom si-

2 (Boulevard = breite Ringstraße) Bezeichnung für billige, über Sensationen berichtende Zeitungen, wie sie zuerst auf den Boulevards in Paris angeboten wurden.

cheren Hort[3] ihres Schreibtisches aus, sondern eine wirkliche Akteurin, die, so unwahrscheinlich es auch aussah, eine ansehnliche Reihe von Kreuzen auf ihrer Abschussliste aufweisen konnte. So viel war wenigstens aus der Veröffentlichung von ›Jessie Darks triumphalen Erfolgen‹ in ihrer Zeitung zu entnehmen:

2. März 1901: Julia Victorian alias[4] Gregory gefangen, das Gehirn der ›Healey Ring‹-Kidnapper[5]-Bande.

7.–29. Oktober 1903: Mrs. Trotwood aufgespürt und den Brief sichergestellt, der sie des Mordes an ihrem Liebhaber Ellis E. Swan überführte.

17. Dezember 1903: Charles Bartsch in einer Wäscherei in Newark zur Strecke gebracht und ihm ein Geständnis entlockt.

4. Juli 1904: Mary Calloran gefangen und die Stratford-Juwelen wiederbeschafft.

Und so weiter – neun ›Triumphe‹ insgesamt; und bei fast jedem, wie es auch den unaufmerksamsten Leser auffallen musste, handelte es sich um die Gefangennahme einer Frau.

Und trotzdem konnten die forschen Aufzeichnungen in dem Extrablatt dieses Abends nicht darüber hinwegtäuschen, dass nichts auf einen baldigen neuen, zehnten Triumph für Jessie Dark hindeutete. Mit einem nicht zu unterdrückenden Seufzer legte die alte Dienerin in dem U-Bahnabteil das Blatt weg.

Der Geistliche blickte freundlich zu ihr hinüber. Der Seufzer war so vernehmlich gewesen, dass er fast wie eine Aufforderung klang. Außerdem war das öffentliche Interesse an diesem großen Fall ein Bindeglied, das eine Unterhaltung zwischen völlig Fremden zur Regel machte, wo zwei oder drei Leute zusammentrafen.

»Sie haben sicher den Artikel über die geheimnisvolle Angelegenheit gelesen?«

Mit einem lauten, tiefen Atemzug antwortete die Frau: »Ja, Sir. Ach, wissen Sie, mir ist, als könnte ich an nichts anderes mehr denken.«

3 (germ.) Schatz, Schutz

4 (lat.) andes; sonst, auch

5 (*kid*, engl.: Zicklein, übertragen: Kind) Kindesentführer, allgemein: Menschenentführer

»So?«, sagte er ohne Überraschung. »Das scheint ja wirklich eine bemerkenswerte Sache zu sein.«
Die Sache war in der Tat bemerkenswert. In einem winzig kleinen Zimmer, zehn Schritte vom Broadway[6] entfernt, hatte Miss Hinch an einem schönen Abend um halb zehn John Catherwood mit ihrem leichten Schwert getötet, das sie bei ihrem berühmten Auftritt in ›Der Landesvater‹ benutzte. Catherwood, so hatte man erfahren, war gekommen, um ihr seine bevorstehende Heirat mitzuteilen; und zehntausend belohnungshungrige Amateurdetektive hatten kein weiteres ›Motiv‹ dieses Geschöpfes, das so bekannt für seine brennende Eifersucht war, in Erwägung gezogen. Soweit war die Tragödie alltäglich genug und sogar vulgär[7]; was sie darüber hinaus aber fast in den Bereich der Romantik gerückt hatte, war die außerordentliche Begabung dieser Frau, die sie schon berühmt gemacht hatte, als sie noch ein Backfisch war. Mochte sie auch roh, gewalttätig, völlig unmoralisch sein, so war sie doch gleichzeitig die erstaunlichste Verwandlungskünstlerin ihrer Zeit. Ihre brillante Darbietung bestand aus einer Reihe von Gestaltwechseln, die sie meist im vollen Blickfeld ihrer Zuschauer vornahm, nur mit Unterstützung eines kleinen Tisches voller Hilfsmittel, der halb unter einem Netz verborgen war. Einige dieser Verwandlungen waren so erstaunlich, dass sie unbegreiflich schienen, selbst wenn man dabeigesessen und zugesehen hatte. Nicht nur ihre äußere Erscheinung, sondern auch ihre Stimme, Sprechweise, Haltung und Bewegung wechselten unglaublich, wenn sie in eine Rolle hineinschlüpfte – so sehr, dass die Frau keine beständige eigene Gestalt zu haben, sondern aus plastischem menschlichem Material zu bestehen schien, aus dem ihre Kunstfertigkeit nach Belieben Mann, Weib oder Kind formen konnte, eine große Dame am Hofe König Ludwigs oder einen demokratischen Politiker mit den modernsten Forderungen der Neuzeit auf den Lippen.
Mit dieser seltenen Geschicklichkeit, bisher nur benutzt, um

6 (engl.: breiter Weg) Hauptstraße in New York
7 (lat.-frz.) gewöhnlich, gemein, niedrig

große Zuschauermengen zu begeistern und den Veranstaltungen beispiellose Kontrakte[8] abzunötigen, kämpfte diese Frau, bekannt unter dem Namen Miss Hinch – sie schien keinen Vornamen zu besitzen –, jetzt irgendwo gegen die Polizei eines ganzen Landes um ihr Leben. Ohne Schminke und Kostüm war sie eine große, flachbrüstige junge Frau mit scharf geschnittenen Gesichtszügen und von beachtlicher, herber Schönheit. Wie sie im Augenblick aussehen mochte, wagte niemand zu raten. Nachdem sie John Catherwood in ihrer Garderobe im Amphitheater niedergestochen hatte, war sie in Hut und Mantel geschlüpft, hatte zwei Perücken und ihren Schminkkasten in ihre Handtasche gestopft und war hinaus auf den Broadway gegangen. Innerhalb von zehn Minuten war die Leiche von John Catherwood entdeckt worden und die Jagd hatte begonnen. Am Bühnenausgang hatte Miss Hinch beim Weggehen einen Bekannten getroffen, einen jungen Schauspieler namens Dargis, und ein paar Grußworte mit ihm gewechselt. Das war vor zehn Tagen geschehen. Nach Dargis hatte niemand mehr sie gesehen. Die Erde schien sich in der Tat geöffnet und sie verschluckt zu haben. Doch ihr Aussehen war fast so bekannt wie das des Präsidenten und die Zeitungen eines ganzen Kontinents druckten täglich ihr Bild in tausend Variationen ab.
»Ein sehr bemerkenswerter Fall«, wiederholte der Geistliche ziemlich abwesend; und seine Nachbarin, die alte Frau, stimmte ihm respektvoll bei. Nach kurzem Zögern fügte sie mit plötzlicher Bitterkeit hinzu:
»Ach, sie werden sie nie fangen, Sir – niemals! Sie ist zu gerissen für die alle, diese Miss Hinch!«
Durch ihren Ton aufmerksam geworden, fragte sie der stämmige Geistliche, ob sie sich besonders für diesen Fall interessierte.
»Ja, Sir – und ich habe einen guten Grund dafür. John Catherwoods Mutter und ich waren zusammen in der Schule und unser ganzes Leben lang eng miteinander befreundet. Ach, Sir«, fuhr sie fort, wie als Antwort auf seinen überraschten Blick, »John war so ein feiner Herr, der in Manieren und Aussehen weit über seinen

8 (lat.) Vertrag, Abmachung

Leuten stand. Aber er hat seine alte Mutter nie verleugnet – nein, Sir, niemals! Und ich glaube, es ist nie ein Sonntag verstrichen, an dem er nicht hinaufstieg und den Nachmittag mit ihr zusammensaß, lachend und erzählend, als wäre er wieder ein kleiner Junge. Vielleicht hat er Dinge getan, die er nicht hätte tun sollen, wie eben übermütige junge Leute so sind, aber in seinem Herzen war er ein guter Junge – ein guter Junge, Sir. Dass er so sterben musste, ist ein zu hartes Schicksal für ihn – und diese Dirne läuft weiter frei herum, mordend und Unheil stiftend – – –«

»Meine gute Frau«, fiel ihr der Geistliche ins Wort, »beruhigen Sie sich. Ganz gleich, wie teuflisch die Geschicklichkeit dieser Frau auch sein mag, ihre Sünde wird gewisslich über sie kommen.«

Die alte Frau ließ folgsam ihr Taschentuch sinken und versuchte sich zu beruhigen.

»Aber ach, sie ist so gerissen – eben teuflisch, wie Sie gerade sagten, Sir. Von dem armen John hörten wir natürlich eine Menge Klatsch über sie und man sagt, dass sie ihre besten Tricks nicht auf der Bühne gezeigt hat. Man sagt, Sir, wenn sie mit ihren Freunden an einem Tische beisammensaß, begann sie manchmal ihr Gesicht so seltsam und entsetzlich zu verzerren, dass alle sie baten aufzuhören und aufsprangen und fortliefen – erwachsene Leute, Sir, zu Tode erschrocken von den grässlichen Fratzen, die sie schnitt. Und wenn man sie nur eine Minute hinter ihrem Wandschirm verschwinden ließ – denn sie hat ihre Geheimnisse wohl gehütet, Miss Hinch, das hat sie – und sie kam wieder hervor, konnte man bei hellem Licht auf sie zugehen und ihr die Hand geben und glaubte doch nicht, dass sie es war.«

»Ja«, sagte der Geistliche, »ich habe gehört, dass sie erstaunlich geschickt ist, wenn ich auch als Fremder in diesem Teil des Landes nie ihre Darbietungen gesehen habe. Ich muss schon sagen, das ist alles sehr interessant und sonderbar.«

Er wandte seinen Kopf und starrte durch die Hintertür des Wagens auf die dunklen, fliehenden Wände. Im selben Augenblick drehte auch die Frau ihren Kopf und starrte den Geistlichen voll an. Als er sich wieder umwandte, hatte sie ihren Blick bereits auf das Vorderteil des Wagens gerichtet und er hob nachdenklich die Zeitung auf.

»Ich bin zu Besuch aus Denver in Colorado hier in der Stadt«, sagte er unvermittelt, »und wusste bis vor ein oder zwei Tagen, als ich einer Zusammenkunft von Männern beiwohnte, wenig oder nichts über diesen Fall. Vielleicht kennen Sie ihn – den Männerverein der Sankt-Matthias-Gemeinde? Auf mein Wort, sie sprachen von nichts anderem. Ich gestehe, dass ich mich sehr für ihren Klatsch interessierte. Deshalb kaufte ich mir heute Abend auch diese Zeitung, um einmal nachzulesen, was dieser außerordentliche weibliche Detektiv, den sie da beschäftigen, darüber zu sagen hat. Solche Sachen kennen wir im Westen nicht, wissen Sie. Aber ich muss sagen, ich war enttäuscht, nach allem, was man über sie erzählt.«

»Ja, Sir, und das ist nicht verwunderlich, denn sie hat Mrs. Catherwood selbst erzählt, dass sie noch nie so einen Misserfolg gehabt hat, wie bisher bei diesem Fall. Bisher schien es so, als ob sie Frauen immer fangen könnte. Als wüsste sie genau, was eine Frau tun würde, wo sie hingehen und sich verstecken würde, sodass sie ihr jedes Mal folgen konnte, wenn die männlichen Detektive nicht wussten, wo sie suchen sollten. Aber ach, Sir, so eine Frau wie Miss Hinch hat sie noch nie jagen müssen!«

»Nein? Das wird wohl stimmen«, erwiderte der Geistliche. »Ihr Bericht hier in der Zeitung kommt mir auch wirklich sehr kärglich vor.«

»*Bericht*, Sir? Bei meiner Seele!«, explodierte plötzlich zur Überraschung der beiden der alte Mann auf der anderen Seite des Mittelganges. »Sie nehmen doch nicht an, dass diese schlaue kleine Frau in ihren Berichten ihre Karten aufdeckt, mit Miss Hinch in der Stadt, die jede ihrer Zeilen liest! In der Stadt, Sir – das ist meine feste Überzeugung!«

Die Annäherung an seine Station hatte ihn scheinbar gerade rechtzeitig aus seinem Nickerchen geweckt, um die geistliche Kritik mit anzuhören. Die Blicke der alten Frau und des Geistlichen beantwortete er jetzt mit einem ältlichen Gekakel:

»Bestimmt werden Sie meine Einmischung entschuldigen! Aber ich kann nicht stillsitzen und zuhören, wenn jemand Jessie Dark schlechtmacht – Miss Matthewson im privaten Leben, wie Sie vielleicht nicht wissen werden. Nein, Sir! Also, in meiner Pension wohnt ein Mann – ein erstaunlicher junger Mann namens Hardy, Tom Hardy – der sie seit *Jahren* kennt! Was jene Berichte betrifft, so kann ich Ihnen versichern, dass sie darin *genau das Gegenteil von dem schreibt, was sie wirklich denkt*!«

»Was Sie nicht sagen!«, ermunterte ihn der Geistliche.

»Ja, Sir! Oh, sie macht schon das Spiel – ja, ja! Sie hat ihre privaten Ideen, ihre Spuren, ihre Pläne. Die Frau lebt nicht, die schlau genug ist, um Jessie Dark reinzulegen. Ich warte jeden Tag auf neue Entwicklungen, Sir – jeden Tag!«

Eine neue Stimme mischte sich ein. Das junge Paar weiter vorn im Abteil, dessen Aufmerksamkeit durch den beschwörenden Tonfall des alten Mannes erregt worden war, hatte offen zugehört.

Und es war beispielhaft für die öffentliche Stimmung zu jener Zeit, dass der junge Mann, als sie jetzt vor ihrer Station aufstanden, sich völlig berechtigt fühlte, seine Meinung zu der Unterhaltung beizusteuern: »Ungeheuer dramatische Situation, nicht wahr, meine Herren? Diese beiden gerissenen Frauen, die sich feindlich und auf Leben und Tod gegenüberstehen, es irgendwo stumm im Verborgenen ausfechten – besessener beruflicher Ehrgeiz auf der einen Seite und die Furcht vor dem elektrischen Stuhl auf der anderen. Gott im Himmel, es gibt – – –«

»Schon! Schon!«, rief der alte Herr ziemlich gereizt aus. »Aber, mein lieber Herr, es ist keineswegs *beruflicher* Ehrgeiz, weswegen Jessi Dark so entschlossen ist zu gewinnen. Es ist *geschlechtliche Eifersucht*, wenn Sie mir folgen können – nichts für ungut, Madam! Jawohl, Sir! Frauen haben nicht die geringste Achtung für ihre gegenseitigen Fähigkeiten – nicht die geringste. Geschweige denn Mitleid füreinander! Ich sage Ihnen, Jessie Dark würde sich schämen von einer anderen *Frau* geschlagen zu werden. Lesen Sie die Berichte zwischen den Zeilen, Sir – wie ich es tue. Unerbittliche

Entschlossenheit – kein Nachgeben – keine Gnade! Sie verstehen, was ich meine, Sir?«

»Es klingt ganz vernünftig«, antwortete der Geistliche aus Colorado mit seinem höflichen Lächeln. »Alle Frauen, erzählt man uns, sind von Natur aus heimliche Rivalen in ihrem Herzen – – –«

»Oh, ich stimme jederzeit für Jessie Dark!«, fiel der junge Bursche eifrig ein. »Besonders, seit die Polizei es praktisch aufgegeben hat. Aber – – –«

»Ha, sie hat meinem jungen Freund Hardy erzählt«, übertönte ihn der alte Herr, »dass sie die Hinch finden wird, und wenn es ihr ganzes Leben dauert! Mit Schauspielerinnen weiß sie Bescheid, hat sie gesagt. Die Welt ist nicht groß genug, dass diese Kreatur sich vor ihr verstecken kann, sagt sie. Nun! Was sagen Sie dazu?«

»Erzähle doch, worüber wir gerade gesprochen haben, George«, forderte die junge Frau ihren Mann auf und sah ihn dabei mit großen, bewundernden Augen an.

»Aber ach, Sir«, begann die alte Frau schüchtern, »John Catherwood ist nun schon zehn Tage tot und – und – – –«

»Eine Frau stieg heute Abend um neun in meinen Wagen«, rief der Bahnschaffner dazwischen, der die Türen für die nächste Station aufgeschoben hatte und aufgeregt dem Stimmengewirr lauschte; »trug einen braunen Schleier und Brille. Ich wette um all mein Geld – – –«

»Zehn Tage, Madame! Und was ist das schon, bitte?«, explodierte der alte Herr, indem er sich triumphierend erhob. »Ein Leben lang, wenn es sein muss! Oh, haben Sie keine Angst! Mrs. Victorian hielt man doch auch für sehr gerissen, wie? War sie's denn nicht? Und was hat Jessie Dark mit ihr gemacht? Und mit Nan Parmalee – wenn auch die Polizei alles getan hat, ihren Verdienst für sich in Anspruch zu nehmen. Genauso wird sie es mit Miss Hinch machen – das lassen Sie sich von mir gesagt sein!«

»Aber wie wird sie die Gefangennahme anstellen, Leute?«, schrie der junge Mann, der endlich wieder zu Wort kam. »Das ist der springende Punkt, über den meine Frau und ich uns gerade unterhalten haben. Angenommen, dass sie diese Teufelin aufspürt, was wird sie tun? Nun – – –«

»Tun! Nach der Polizei rufen!«, wetterte der alte Herr von der Tür her.

»Damit Miss Hinch erst sie und dann sich selbst erschießt? Müsste sie nicht – – –«

»Grand Central!«, rief der Schaffner zum zweiten Mal; und der junge Mann unterbrach sich widerstrebend, während seine Frau ihn mit aller Kraft zur Tür hinzerrte.

»Hoffe nur, dass sie sie bald schnappt«, rief er über die Schulter zu dem Geistlichen. »Die Sache geht mir langsam auf die Nerven. Einer dieser Kindergarten-Belohnungsjäger folgte meiner Frau neulich fünf Häuserblöcke weit, nur weil sie ein spitzes Kinn hat, und ich weiß nicht, was noch passiert wäre, wenn ich nicht dazugekommen und – – –«

Die Türen rollten hinter ihm zu und der Zug warf sich in den nächsten Tunnel. Ein längeres Schweigen im Wagen folgte. Der Geistliche starrte nachdenklich auf den Boden und die alte Frau beugte sich wieder über ihre geschenkte Zeitung. Anscheinend las sie die Beobachtungen der Jessie Dark mit großer Aufmerksamkeit noch einmal durch. Bald aber ließ sie die Zeitung sinken und begann still nach etwas unter den Falten ihres Umschlagtuches zu suchen; schließlich aber kamen ihre Hände leer wieder darunter hervor und sie unterbrach das Schweigen mit der schüchternen Bitte:

»Ach, Sir – haben Sie vielleicht einen Bleistift, den Sie mir bitte leihen könnten? Ich würde gern etwas in dem Bericht anstreichen und ihn Mrs. Catherwood schicken. Das, was sie hier über Verkleidungen schreibt, Sir.«

Der freundliche Gottesdiener fühlte in seinen Taschen und brachte nach einigem Suchen einen Bleistift zum Vorschein – einen weißen mit blauer Miene. Sie bedankte sich überschwänglich.

»Wie trägt Mrs. Catherwood all diese Anspannung und diesen Kummer?«, fragte er plötzlich. »Waren Sie heute bei ihr?«

»O ja, Sir. Ich habe seit neun Uhr den ganzen Abend bei ihr verbracht und bin gerade erst von dort gekommen. Ach, sie ist sehr niedergeschlagen, Sir.«
Sie blickte ihn zögernd an. Er starrte wortlos vor sich hin, obwohl er, wie die übrige zeitungslesende Welt, mit Sicherheit wusste, dass John Catherwoods Mutter nicht in der hundertsechsundzwanzigsten Straße, sondern in der East Houston Street wohnte. Vielleicht dachte er darüber nach, ob sein Schweigen wohl verkehrt war. Vielleicht war diese falsche Angabe gar nicht ein Versehen, sondern irgendeine Gerissenheit?
Mit einem gewissen Eifer fuhr die Frau fort: »Ach, Sir, ich hoffe und bete nur, dass diese Herren Recht haben mögen. Aber Mrs. Catherwood und auch mir scheint es doch, dass Jessie Dark sie schon gefangen hätte, wenn es ihr überhaupt möglich wäre. Denken Sie an ihre großen, kühnen blauen Augen, Sir, mit zweieinhalb Zentimeter langen Wimpern, wie man sagt, und an ihr schreckliches, langes Kinn. Man sagt, dass sie die Farbe ihrer Augen tatsächlich ändern kann – nicht für immer natürlich, aber doch eine Zeit lang, mit ein paar von ihren Tropfen. Aber dieses Kinn, sollte man meinen – – –«
Sie unterbrach sich, denn der Geistliche stand ganz unerwartet auf und ergriff seinen schweren Stock.
»Vierzehnte Straße«, sagte er mit einem freundlichen Nicken. »Ich muss hier umsteigen. Gute Nacht. Viel Glück für Jessie Dark wünsche ich!«
Er beobachtete das verblasste Gesicht der alten Frau und sah genau jene plötzliche, respektvolle Überraschung darin aufkeimen, die er erwartet hatte.
»Vierzehnte Straße! Ich hatte keine Ahnung, dass wir schon so weit gefahren sind. Da muss ich ja auch aussteigen, Sir, der Expresszug hält nicht in meiner Station.«
»Ah!«, sagte der Geistliche trocken.
Er ging voran, humpelnd und auf seinen Stock gestützt. Sie traten auf den kalten, trostlosen Bahnsteig hinaus – nicht gerade zusammen, aber doch so, dass man ihre Zugbekanntschaft er-

kennen konnte. Doch nachdem der Geistliche ein paar Schritte weitergehumpelt war, bemerkte er mit einem Male, dass er allein ging, und drehte sich um. Die Frau war stehen geblieben. Über den Zwischenraum hinweg trafen sich ihre Augen.
»Kommen Sie«, sagte der Mann liebenswürdig. »Kommen Sie, lassen Sie uns gemeinsam umhergehen, damit wir warm bleiben.«
»Oh, Sir – Sie sind so freundlich«, entgegnete die alte Frau und kam näher.
Aus den anderen Wagen waren zwei oder drei Leute mit blau gefrorenen Nasen gestiegen, um ebenfalls umzusteigen; ein oder zwei kamen vereinzelt von der Straße hereingestolpert; aber weit über den bleichen Zementboden verstreut, beeinträchtigten sie nur wenig die Einsamkeit, die den Geistlichen und die Frau zu umgeben schien. Schritt für Schritt machte das seltsame Paar sich auf den Weg zum äußersten nördlichen Ende des Bahnsteigs.
»Übrigens«, sagte der Geistliche, unvermittelt stehen bleibend, »darf ich die Zeitung noch einmal für einen Augenblick sehen?«
»Aber gewiss, Sir – natürlich«, erwiderte die alte Frau, indem sie die Zeitung unter ihrem Umschlagtuch hervornestelte. »Ich dachte, Sie hätten sie schon ausgelesen und ich – – –«
Er entgegnete, dass er nur einen Blick hineinwerfen wollte, sah sie dann aber mit äußerster Sorgfalt Blatt für Blatt durch. Die Frau blickte ihn dabei einige Male an. Schließlich sagte sie zögernd:
»Ich glaube, Sir, ich werde den Fahrkartenkontrolleur fragen, wie lange es bis zum nächsten Zug dauert. Ich habe mich nämlich sehr verspätet, Sir, und ich muss irgendwo noch etwas essen, bevor ich schlafen gehe.«
»Eine ausgezeichnete Idee«, meinte der Geistliche.
Er erklärte, dass auch er schon eine Stunde über seiner Zeit unterwegs geblieben sei und die Nacht noch bei Vettern in Newark verbringen wollte. Seite an Seite schritten sie zurück über den Bahnsteig, fragten den Kontrolleur, erhielten eine dürftige Auskunft und gingen, wie in schweigender Übereinkunft, langsamer wieder zurück. Doch bevor sie weit gekommen waren, blieb die

Frau unvermittelt stehen und lehnte sich mit weißem Gesicht gegen die Wand.

»Ach, Sir, es tut mir leid, aber ich muss unbedingt irgendwo einen Happen essen, bevor ich weiterfahre. Sie werden mich für närrisch halten, Sir, aber ich bin heute ganz um mein Abendessen gekommen und habe plötzlich so ein schwaches Gefühl in den Beinen.«

Der Geistliche blickte sie mit offensichtlicher Anteilnahme an. »Wissen Sie, meine Freundin, dass Sie alle meine Wünsche vorauszuahnen scheinen? Da Sie gerade vom Essen sprechen, kommt es mir zum Bewusstsein, dass auch ich beinahe am Verhungern bin.« Scheinbar überlegend blickte er auf seine Uhr. »Ja – es wird sicher nicht lange dauern. Kommen Sie, wir wollen gemeinsam ein bescheidenes Lokal suchen.«

»Oh, Sir«, stammelte sie, »aber – Sie werden doch nicht mit einer armen alten Frau wie mir zusammen essen wollen.«

»Und warum nicht? Sind wir nicht alle gleich vor Gottes Angesicht?«

Zusammen stiegen sie die Treppen hinan, wie irgendein wohlhabender Pfarrer und sein armes Gemeindemitglied. Als sie auf die vierzehnte Straße hinaustraten, wandten sie sich nach Westen. Am ersten Häuserblock kamen sie zu einem hell erleuchteten, gekachelten und blitzblanken Restaurant von der Art der Schnellimbiss-Stuben. Aber die Frau zog es vor weiterzugehen, indem sie schüchtern einwandte, dass das blendende Licht sehr ungesund für ihre alten Augen sei. Der Geistliche akzeptierte diesen Einwand ohne Widerrede. Zwei Blocks weiter fanden sie an einer Ecke ein ruhiges Lokal, eine anspruchslose kleine Zuflucht, die sich jedoch trotzdem mit einem ›Lieferanteneingang‹ in der Seitenstraße brüstete.

Sie gingen durch den Haupteingang und setzten sich einander gegenüber an einen Tisch. Die Frau las die Speisekarte durch und bestellte schließlich, nach ein paar Minuten verlegener Unsicherheit, verlorene Eier auf Toast. Der Geistliche bestellte dasselbe. Das einfach Mahl war rasch verspeist. Als sie gerade bei den letzten Bissen waren, fragte die alte Frau:

»Wenn Sie bitte entschuldigen wollen, Sir – darf ich die Speisekarte für einen Moment haben? Ich würde mir gern noch eine Tasse Tee zum Aufwärmen bestellen, wenn sie hier nicht zu viel dafür verlangen.«
»Ich habe die Speisekarte nicht«, erwiderte der Geistliche.
Sie suchten eingehend nach dem Kartonblatt, aber es war nirgends zu sehen. Der Kellner trat näher.
»Ja, Sir! Ich ließ sie auf dem Tisch liegen, als ich die Bestellung entgegennahm.«
»Ich kann mir nicht vorstellen, wo sie geblieben ist«, wiederholte der Geistliche mit ziemlichem Nachdruck.
Er sah die Frau mit einem durchbohrenden Blick an und bemerkte, dass sie genauso fest zurückblickte. Beide Augenpaare senkten sich sofort wieder.
Der Kellner kam mit einer neuen Speisekarte. Die Frau bestellte ihren Tee, den der Kellner bald darauf brachte. Der Geistliche bezahlte für beide Bestellungen mit einem Geldschein, der schwer verdient aussah.
Der Tee erwies sich als sehr heiß; sie konnte ihn nicht ohne abzusetzen trinken. Während der Pfarrer die Frau beim Teeschlürfen beobachtete, schien er immer unruhiger zu werden. Seine Finger trommelten auf das Tischtuch – er konnte kaum noch stillsitzen. Ganz plötzlich fragte er: »Was bedeutet das Rufen auf der Straße? Es hört sich an wie von Zeitungsjungen.«
Die alte Frau legte ihren Kopf auf die Seite und lauschte. »Ja, Sir. Ein Extrablatt scheint herausgekommen zu sein.«
»Auf mein Wort«, sagte er nach einer Pause, »ein Verbrechen ist doch eine äußerst interessante Angelegenheit! Du lieber Gott! Ich denke, ich werde mir eins holen gehen.«
Er erhob sich langsam, nahm seinen Schaufelhut vom Haken neben seinem Platz, ergriff seinen schweren Stock und humpelte zur Tür. Sehr zum Unwillen des Inhabers an der Kasse ließ er sie hinter sich offen stehen, verweilte einen Augenblick in dem kleinen Vorraum und blickte die Straße hinauf und hinunter. Dann winkte er mit der Hand und tat ein paar langsame Schritte nach

Osten, während er dabei den Blicken der Frau am Tische entschwand.
Das Speiselokal lag an einer Ecke und der Geistliche blieb draußen einen halben Atemzug lang stehen und blickte nach Norden, Osten, Süden und Westen. Doch nirgends fand sein suchendes Auge, wonach er Ausschau hielt. Er ging um die Ecke in die dunklere Nebenstraße, zunächst langsam und fortwährend um sich blickend. Bald aber wurde sein Schritt schneller, so schnell, dass er sich kaum noch auf seinen dicken Stock stützen konnte. Im nächsten Augenblick rannte er fast und sein Klumpfuß hämmerte schwer auf das gefrorene Pflaster.
Ein Zeitungsjunge hielt ihm ein Extrablatt direkt unter die Nase, aber er sah es nicht einmal.
Weiter die Straße hinunter, fast zwei Häuserblocks entfernt, stand eine große Gestalt in einem blauen Mantel und stampfte mit den Füßen auf dem hart gefrorenen Graupelmatsch. Der voranstürmende Gottesdiener eilte geradewegs auf sie zu; aber er kam nicht sehr weit. Denn als er an dem Hintereingang des Restaurants vorbeieilte, stürzte ein Gast so rücksichtslos heraus, dass er direkt in ihn hineinrannte und ihn auf der Stelle zum Halten brachte.
Ohne hinzusehen, wusste er, wer er war. Er würdigte die Gestalt auch weiterhin keines Blickes, sondern wandte seinen Kopf eilig von Ost nach West und überflog mit schnellen Blicken die dunkle Straße. Aber die alte Frau, die bei dem Zusammenprall mit einem schrillen Ausruf zurückgesprungen war, begann sich atemlos zu entschuldigen.
»Oh, Sir – verzeihen Sie bitte! Ein Zeitungsjunge steckte seinen Kopf durch die Seitentür, gerade als Sie hinausgegangen waren, und ich rannte hin, um Ihnen eine Zeitung zu holen. Aber er verschwand so schnell, Sir, und da bin ich – – – «
»Wie ich es mir gedacht habe«, sagte der Geistliche mit seiner ruhige, tiefen Stimme. »Das muss derselbe Junge gewesen sein, hinter dem ich auch her war.«
Auf der anderen Seite waren gerade zwei Männer in die Straße eingebogen, dick gegen die Kälte vermummte Gestalten, die im

Vorübergehen fröhlich miteinander sprachen. Der Geistliche blickte die Frau jetzt voll an und sie sah, dass ein Lächeln auf seinem Gesicht lag.
»Da er uns beiden entkommen zu sein scheint – was halten Sie davon, wenn wir zur U-Bahn zurückkehrten?«
»Aber gern, Sir. Es ist höchste Zeit, dass ich – – –«
»Das Pflaster ist so schlüpfrig«, fuhr er freundlich fort, »vielleicht nehmen Sie lieber meinen Arm.«
Hinter dem Paar, in dem kleinen Restaurant, trat der Kellner zur Tür und schloss sie; er blieb bei dem Inhaber stehen, um mit ihm über den plötzlichen Aufbruch seiner beiden Gäste zu reden. Da die Rechnung jedoch mit einem großzügigen Trinkgeld beglichen worden war, gab es keinen besonderen Grund zur Klage. Nachdem er einige ungünstige Bemerkungen über das Wesen der Geistlichkeit über sich hatte ergehen lassen, kehrte der Kellner an seinen Tisch zurück, um ihn abzuräumen.
Auf dem Läufer im Mittelgang zwischen den Tischen lag ein weißes Stück Karton, das sein geübtes Auge als einen Teil der Speisekarte erkannte; es lag mit der Oberseite nach unten. Er bückte sich und hob es auf. Auf der Rückseite stand etwas mit einem Blaustift hingekritzelt.
Die Handschrift war unterbrochen und unregelmäßig, als hätte der Schreiber seine Augen dabei irgendwo anders gehabt, und der Kellner hatte einige Mühe folgende Botschaft zu entziffern.
Miss Hinch U-Bahn 14. Str. Sofort Polizei holen
Der Kellner trug das seltsame Dokument zu dem Inhaber, der es mehrere Male durchlas. Er war ein schwerfälliger Mann und wie alle Leute dieser Art dazu geneigt, hinter solchen Dingen einen dummen Scherz zu vermuten. Jedoch nach einem unentschlossenen Hin und Her mit dem Kellner zog er seinen Überzieher an und ging hinaus, um einen Polizisten zu suchen. Er wandte sich westwärts und auf halbe Höhe des nächsten Blocks traf er einen ältlichen Blaumantel, der nach Osten schlenderte. Der Polizist warf einen Blick auf das Gekritzel und tat es unwirsch als die Narretei eines Spaßvogels ab, wie sie ihn ein Dutzend Mal am Tag

halb zur Verzweiflung brächten. Er begleitete den Inhaber zurück und als sie in der Nähe von dessen Lokal kamen, hörten sie das Geräusch von schnellen Schritten, die aus der nach Süden führenden Nebenstraße heranklapperten. Als sie aufblickten, sausten zwei junge Polizisten in Begleitung eines Mannes in der Uniform eines Bahnschaffners um die Ecke und stürmten geradewegs in das Restaurant.

Der erste Polizist und der Inhaber rannten hinter ihnen her und fanden sie, wie sie reichlich verblüfft im Lokal umherstarrten. Einer der Gesetzeshüter verlangte Auskunft, ob hier jemandem verdächtige Elemente aufgefallen seien, und der begriffsstutzige Wirt sagte nein. Ziemlich betreten dreinblickend erklärten die Beamten ihre Mission. Es stellte sich heraus, dass der dritte Mann, ein Fahrkartenkontrolleur in der U-Bahn-Station, vor ein paar Minuten eine geheimnisvolle Botschaft auf dem Boden neben seinem Häuschen gefunden hatte. Woher sie gekommen war, wie lange sie dort gelegen hatte, war ihm völlig ungewiss. Jedenfalls waren sie nun hier. Der Polizist zeigte ihnen einen zerknitterten weißen Fetzen von einer Zeitung, auf dem mit Bleistift die Worte standen:

Miss Hinch Millers Restaurant. Sofort Polizei holen

Der erste Polizist, der sowohl der älteste als auch der beleibteste der drei war, zog die Botschaft auf dem Speisekartenrest hervor, die so völlig im Gegensatz zu dieser hier stand. Der schwerfällige Inhaber, dem jetzt etwas einfiel, erzählte von dem Geistlichen und der alten Frau, die zusammen verlorene Eier auf Toast zu sich genommen hatten und dann so unvermittelt durch verschiedene Türen verschwunden waren. Der Fahrkartenkontrolleur erinnerte sich, dass er dasselbe Paar auf seiner Station gesehen hatte: sie wären zu ihm gekommen und hätten ihn nach den Abfahrtszeiten der Züge gefragt. Die drei Polizisten waren einen Augenblick lang über diese Aussage verblüfft. Aber bald wurde ihnen klar, wenn entweder der Geistliche oder die alte Frau tatsächlich eine Information über Miss Hinch besessen hätten – eine überhaupt höchst unwahrscheinliche Annahme –, dann hätten sie sich nie-

mals damit aufgehalten, die Nachbarschaft mit törichten kleinen, gegensätzlich lautenden Botschaften zu bepflastern.
»Das ist ein Paar alter Narren, die sich mit der Polizei einen Spaß erlauben wollen«, knurrte der dickste der drei Beamten grimmig. »Ich hätte nicht übel Lust sie dafür einzulochen.« Und das war auch die Ansicht der übrigen.
Die kleine Zusammenkunft brach auseinander. Der Inhaber kehrte zu seiner Kasse zurück, der Kellner zu seinen Tischen; der Fahrkartenkontrolleur lief eilends zu seiner Station und die drei Polizisten begaben sich wieder in die bittere Kälte der Nacht hinaus. Vor sich hin schimpfend gingen sie nebeneinander her und unbewusst schlugen ihre Füße den Weg nach Osten zur U-Bahn-Station ein. In der Mitte des nächsten Häuserblocks kam ein Mann auf sie zugerannt.
»Wachtmeister, sehen Sie, was ich vor einer Minute auf dem Gehsteig gefunden haben! Lesen Sie das!«
Er hielt einen weißen Fetzen hoch, der sich als Teil einer Speisekarte aus Millers Restaurant herausstellte. Auf der Rückseite sahen die drei scharf blickenden Beamten die fast unleserlich mit Blaustift hingekritzelten Worte:
Polizei! Miss Hinch 14. Str. U-Bah
Bei dem h war der Blaustiftstrich weggerutscht, als wäre der Schreiber plötzlich unterbrochen worden. Der fette Polizist fluchte und drohte mit Arrest. Aber der zweite Polizist, dunkelhaarig und sehnig, hob seinen Blick von dem Speisekartenfetzen und sagte plötzlich: »Tim, ich glaube, an der Sache ist etwas dran!«
»Zehn Tage auf der Insel müssten für sie dran sein«, knurrte der fette Tim.
»Angenommen«, sagte der andere Polizist, intensiv ins Nichts starrend, »die alte Frau ist selbst Miss Hinch, zum Beispiel, und der Pfaffe beschattet sie, während er so tut, als habe er nicht den geringsten Verdacht und Miss Hinch traut sich nicht auszureißen, bevor sie nicht ganz sicher ist, dass sie ungeschoren davonkommt? Also, Tim, was könnte er Besseres tun als – – –«
»Das ist richtig!«, rief der dritte Polizist aus. »Besonders, wenn

man denkt, dass die Hinch eine Pistole trägt und sie auch anwenden wird! Wir drei könnten doch auf alle Fälle einen Blick in die Bahnstation werfen, was meint ihr?«

Es war der Vorschlag des Tages. Die drei Beamten machten sich auf den Weg zur U-Bahn, der Zivilist folgte ihnen. Sie schritten zügig aus, ohne sich weiter zu unterhalten; ihr schneller Gang und ihr Schweigen hatten eine verborgene psychische Reaktion zur Folge. Während sich die Gedanken der vier Männer nach innen richteten, fiel ihnen das seltsame Benehmen des Paares in Millers Restaurant ein und die Überzeugung, dass vielleicht doch etwas Wichtiges im Gange sein könnte, wuchs und verstärkte sich in jedem von ihnen. Unbewusst beschleunigten sie ihre Schritte. Zuerst begann der sehnige Polizist zu laufen, aber die drei anderen Männer waren seit zwanzig Schritten ebenfalls drauf und dran gewesen, dasselbe zu tun.

Das Beraten und Zaudern hatte jedoch Zeit gekostet. Der beleibte Geistliche und die arme alte Frau hatten einen Vorsprung von fünf Minuten vor den Gesetzeshütern und wie es sich herausstellen sollte, genügte dies gerade für den Ausgang der Angelegenheit. Während sie sich Arm in Arm auf dem Weg zur Station befanden, wurden sie in der vierzehnten Straße von mehreren späten Fußgängern gesehen, die sich nachher daran erinnerten. Einige hatten beobachtet, dass die Frau etwas nachhinkte, als ob sie ermüdet wäre, während der klumpfüßige Geistliche ihren Arm stützte und sie ständig raschen Schrittes mit sich zog.

Auf diese Weise stieg das Paar die Stufen zur U-Bahn hinunter, betrat wieder den nackten Bahnsteig und befand sich bald zum zweiten Mal an seinem äußersten nördlichen Ende, wo es bereits vor einer guten halben Stunde gestanden hatte. Ein unachtsamer Gepäckträger hatte in der Nähe einen Eimer mit Wasser umgestoßen und ein Flecken dünnen Eises lief an dieser Stelle bis über den Rand des Bahnsteiges. Zwei junge Männer, die lebhaft auf und ab wanderten, hörten deutlich, wie der Geistliche die Frau davor warnte. Weit weg, von Norden her, konnte man das schwache Grollen eines herannahenden Zuges vernehmen.

Die Frau war dem Gleise am nächsten und der Geistliche stand vor ihr. Im schwachen Licht trafen sich ihre Blicke und beide waren von der Blässe ihrer Gesichter betroffen. Die Frau atmete außerdem hastig und ihre Hände und Füße verrieten eine gewisse Nervosität. Es war deutlich zu erkennen, dass sie sich nun schon seit einer Stunde verzweifelt und um jeden Preis bemühten beieinander zu bleiben.
Der Geistliche machte jedoch glaubwürdige Anstalten diese Tatsache zu übersehen. Ziellos sprach er drauflos, mit nur wenig unnatürlich klingender Stimme, hauptsächlich über das Wetter und seinen Zug nach Newark, wohin er nun so viel zu spät kommen würde. Und währenddessen blickten beide immer wieder zum Eingang der Station hin, als erwarteten sie dort die Ankunft von irgendjemand.
Beim Sprechen machte der Geistliche sich unauffällig mit seinen Händen zu schaffen. Aus der Unterkante seines schwarzen, halb langen Überwurfs zog er eine Nadel und stach sie tief in die Spitze seines Mittelfingers. Unter seinem Überwurf presste er sein Taschentuch gegen den blutenden Einstich und zog es dann hervor, um die hart gefrorenen Graupeln von seinem Hut zu wischen. Während er diese kleinen Vorbereitungen traf, hielt er die Augen der Frau mit seinem Blick gebannt, unaufhörlich weitersprechend. Plötzlich aber unterbrach er seinen Wortschwall und blickte voller Besorgnis auf ihre Wange.
»Meine gute Frau, Sie haben sich irgendwo Ihre Wange aufgerissen! Meiner Seele, es blutet ziemlich schlimm!«
»Das macht nichts, das macht nichts«, erwiderte die Frau und ließ ihre Blicke hastig zum Eingang schweifen.
»Aber, du lieber Gott, ich muss es abtupfen! Das Blut wird auf Ihr Umschlagtuch tropfen. Wenn Sie gestatten – ah!«
Zu schnell für sie hatte er sich vorgebeugt und durch ihren dünnen Schleier hindurch hart ihre Wange mit seinem Taschentuch abgewischt; er zog es zurück und hielt es hoch, damit sie das Blut selbst sehen konnte. Aber weder sie noch er blickten auf das Taschentuch. Seine Augen waren auf ihre Wange gerichtet, die glatt

und zart unter der Schminke hervorsah, wo er diese mitsamt den täuschenden Falten weggewischt hatte.

Die Treppe hinunter donnerten die Füße der drei fliegenden Polizisten. Aber es war offensichtlich, dass der Zug noch vor ihnen hereinbrausen würde. Der Geistliche, der dicht vor der Frau stand, fasste seinen Stock fester und ein Blick harten Triumphs kam in sein Gesicht.

»So furchtbar schlau sind Sie also letzten Endes auch nicht!«

Mit einem unwillkürlichen Aufschrei war die Frau zurückgesprungen und in diesem Augenblick gewahrte sie die Polizei.

Ihr Fuß glitt jedoch auf dem trügerischen Eis aus – oder sie mochte über den dicken Stock des Geistlichen gestolpert sein, als dieser plötzlich seine Stellung änderte. Und mit dem nächsten Atemzug brauste donnernd der Expresszug vorbei.

Infolge eines jener seltsamen Zufälle, die manchmal aller Erfahrung spotten, war der Körper der Frau nicht im Geringsten gequetscht oder entstellt. An der linken Schläfe war eine tiefe blaue Einbeulung und das war augenscheinlich alles; selbst der altmodische Hut, von der langen Nadel festgehalten, war nicht verrutscht. Es war der Geistliche, der den reglosen Körper neben dem dunklen Schienenstrang fand, wo der Zug ihn hingeschleudert hatte – er war es auch, der das stille Gesicht bedeckte und den Transport auf den Bahnsteig zurück überwachte. Zwei Augenzeugen der Tragödie deuteten auf das Eis, auf dem die unglückselige Frau ausgerutscht war, und beschrieben ihr Entsetzen, als sie ihren Begleiter gerade einen Augenblick zu spät zuspringen sahen, um sie noch retten zu können.

Um keine unmäßige Aufregung unter den Umstehenden zu verursachen, zogen zwei Polizisten den Geistlichen unauffällig beiseite und zeigten ihm die drei geheimnisvollen Botschaften. Sosehr er auch von dem erschütternden Ausgang seines Detektivspiels ergriffen war, gab er doch bereitwillig zu sie geschrieben zu haben. Er berichtete kurz, wie das sonderbare Verhalten der Frau in der hundertsechsundzwanzigsten Straße seine Aufmerksamkeit erregt hatte und wie er durch scharfe Beobachtung im

Zugabteil schließlich entdeckt hatte, dass sie eine Perücke trug. Unglücklicherweise war jedoch durch sein Interesse auch ihr Verdacht geweckt worden und ein langer Kampf, Geist gegen Geist, hatte sich zwischen ihnen entsponnen – er hatte versucht die Polizei ohne ihr Wissen herbeizurufen, sie hatte sich an seine Fersen geheftet, um das zu verhindern, gleichzeitig aber stets auf dem Sprung ihm unauffällig zu entwischen. Er erzählte, wie er sie im Restaurant unter einem Vorwand einen Augenblick allein gelassen hatte und sie ihm dabei fast entkommen wäre; und schließlich, wie er sie zum Bahnhof zurückbegleitet und beim Herannahen der Polizei das Risiko auf sich genommen hatte ihre Maske zu lüften – mit diesem unerwarteten, erschütternden Ergebnis.

»Und jetzt«, schloss er mit bebender Stimme, »bin ich natürlich äußerst besorgt zu wissen, ob ich Recht hatte – oder einem schrecklichen Irrtum zum Opfer gefallen bin. Wollen Sie bitte nachsehen, Wachtmeister, und mir sagen, ob – ob sie es tatsächlich ist?«

Aber der dicke Polizist schüttelte seinen Kopf, eingedenk der wohl bekannten Fähigkeit von Miss Hinch, wie jede andere auf der Welt auszusehen, nur nicht wie sie selbst.

»Nur Gott der Allmächtige kann Ihnen das sagen, Sir. Ich möchte es den Leuten im Hauptquartier überlassen«, fügte er dann hinzu, als käme das aufs selbe heraus. »Aber wenn sie es ist, hat sie nur ihren verdienten Lohn empfangen, Sir.«

»Gott sei ihr gnädig!«, sagte der Geistliche.

»Amen! Geben Sie mir jetzt bitte Ihren Namen an, Sir. Wahrscheinlich wird man Sie morgen früh brauchen.«

Der Geistliche nannte ihn: Pfarrer Theodore Shaler, Denver; seine hiesige Adresse: eine Nummer in der hundertsechsundzwanzigsten Straße. Nachdem er sich so seiner Pflichten in dieser Angelegenheit entledigt hatte, wandte er sich traurig zum Gehen. Aber als er an der stillen Gestalt vorbeikam, die auf einer Bank unter dem Mantel des Fahrkartenkontrolleurs lag, entblößte er sein Haupt und blieb stehen, um einen letzten Blick auf sie zu werfen.

Die Anteilnahme und Tatkraft des Pfarrers hatte bereits wohlwollende Kommentare von den Umstehenden geerntet und von der erstgenannten Eigenschaft gab er nun noch einen letzten Beweis. Das zusammengeknüllte Taschentuch der toten Frau, das jemand von den Geleisen geholt und ihr auf die Brust gelegt hatte, war auf den Boden gefallen; er bemerkte dies und bückte sich schweigend, um es wieder an seinen Platz zu legen. Dieser letzte kleine Dienst brachte seinen Kopf zufällig dicht neben den Kopf der toten Frau, und als er sich wieder aufrichtete, streifte ihre hervorstechende Hutnadel seine Wange und fügte ihm einen langen Kratzer zu. Das allein wäre nur unbedeutend gewesen, denn Kratzer heilen schnell. Aber zufällig verfing sich die Spitze der Nadel in dem so vollkommenen Bart des Geistlichen und riss ihn glatt herunter. Mit einem unerwartet schrill tönenden Schrei sprang er hoch und zeigte den erstaunten Zuschauern das nackte, glatte Kinn einer Frau, das merkwürdig lang und spitz zulief.

Solch ein Kinn gab es nicht oft auf der Welt und die Bettler auf der Straße würden es erkannt haben. Inmitten eines plötzlichen Aufruhrs, der in Gegenwart der Toten unangebracht wirkte, umringten die Polizisten Miss Hinch und legten ihr gewaltsam Handschellen an, da sie einen Selbstmord befürchteten, wenn nicht gar eine neue Teufelei. Und auf der Wache beraubte eine leidenschaftslose Matrone die berühmte Verwandlungskünstlerin der letzten und besten ihrer zahlreichen Verkleidungen.

So viel hatte die Polizei zu ihrer Unschädlichmachung beigesteuert. Aber überall wusste man, dass Jessie Dark in Wirklichkeit ihre Gefangennahme bewirkt hatte, und die Zeitungen brachten am nächsten Morgen Bilder der unbesiegten kleinen Frau und ihrer Hutnadel, mit der sie aus einer anderen Welt zurückgelangt hatte, um ihre größte Gegnerin der Gerechtigkeit zu überliefern.